대한민국 임시정부
그 100년의 역사

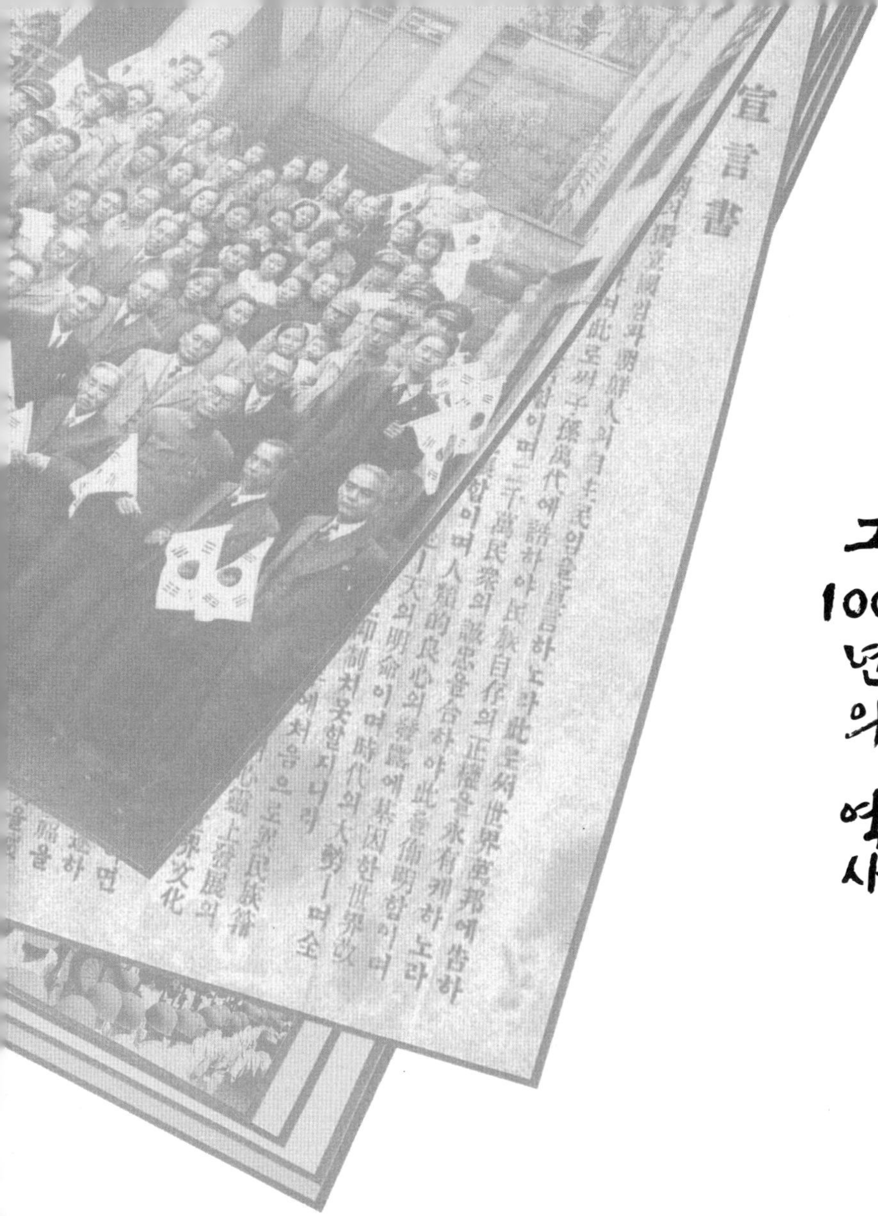

대한민국 임시정부

그 100년의 역사

김용달 지음

역사공간

책머리에

올해는 3·1운동과 대한민국 임시정부 수립 100주년이 되는 뜻깊은 해이다. 100년이면 세기가 바뀌고, 역사의 한 매듭이 지어진다. 이런 뜻깊은 해에 지난 100년의 역사를 뒤돌아보고, 이를 교훈 삼아 앞으로의 100년을 가늠해볼 필요가 있다. 100년 전 일제의 가혹한 식민통치 속에서 목숨을 걸고 온 겨레가 민족독립을 부르짖고, 그 대의를 결집하여 대한민국 임시정부를 수립했다. 얼마나 대견한 일인가.

식민지 지배가 아니어도, 근대 국가의 3요소를 갖추어도 국민주권 국가를 세우기가 쉬운 일이 아니다. 우리 민족은 어느 하나 변변하게 마련된 것이 없는데도, 국민주권주의에 입각한 민주공화제 국가와 정부로서 대한민국 임시정부를 수립한 것이다. 나아가 그 나라와 정부를 27년 동안 유지 고수하며 끊임없이 독립운동을 전개하여 결국은 민족독립과 조국광복을 이루어냈다.

그런데도 작금 대한민국 임시정부의 법통성을 폄하하고, 그 발생가치와 역할가치와 존재가치를 부정하는 언행들이 들끓었다. 바로 건국절 논란이다. 필자도 독립운동사를 공부한 사람으로서 건국절 논란에 비껴갈 수는 없었다. 그래서 여러 차례 강연과 기고로 건국절 주장의 문제점을 제기한 바 있었다. 역사는 인문과학이기 이전에 당대의 선택이 아니라 역사의 선택을 따지고, 불의가 아니라 정의의 길을 밝히는 인간학이기 때문이다. 개인적으로는 독립운동사를 개척한 조동걸 선생님 문하에서 역사의 정의가 도전받을 때 이를 지켜가는 것이 역사가의 책무라는 가르침을 받은 덕분이다.

교묘한 논리로 교언영색(巧言令色)하여 대중을 현혹한 것이 바로 건국절 문제의 본질이다. 근대 국가는 영토·국민·주권이라는 3요소를 갖춰야 하는데, 대한민국 임시정부는 그렇지 못했다는 것이다. 그래서 대한민국이 정식 정부로 수립된 1948년 8월 15일을 '건국절'로 삼아 기념해야 한다는 논리다. 더욱이 8·15광복은 우리 힘으로 성취한 것이 아니라 연합국 승전의 결과이니, 광복절이라는 말도 이치에 닿지 않는다고 했다. 따라서 8·15해방과 대한민국 건국의 의미를 포괄하는 역사 용어는 '건국절'이 마땅하다는 얼토당토하지 않은 주장이다.

건국절 문제가 대두했을 때 가장 자괴감을 느낀 사람은 누구일까? 생존 애국지사와 독립운동사 연구자이며, 특히 임시정부사 전공자들이다. 적어도 다섯 가지 점에서 건국절 주장은 문제가 있기 때문이다. 첫째는 대한민국의 헌법에 위배된다. 둘째는 실증적 역사 사실에 부합하지 않는다. 셋째는 독립운동사를 폄하하고 왜곡하는 일이다. 넷째는 민족사의 단절을 초래한다. 다섯째는 민족통일을 위해서도 바람직한 역사인식이 아니라는 점이다.

이즈음 2018년 초 『국방일보』의 김용호 기자에게서 연락이 왔다. 2019년 대한민국 임시정부 수립 100주년을 맞이하여 임시정부의 역사를 기념하는 특별기획 연재를 시작하자는 얘기였다. 그리고 계획서를 보내왔다. 바로 '국방일보·독립기념관 공동기획 임시정부 100년, 고난의 3만리'였다. 약 1년간 매주 월요일 50회 연재하는 일이라 주저하기도 했지만, 피할 수 없는 운명이라 생각했다.

독립기념관 한국독립운동사연구소가 학술 연구는 물론 독립운동 선양 업무도 맡고 있을 뿐만 아니라, 마침 우리 기념관이 국방부와 상호 교류협력을 체결한 뒤였기 때문이다. 한국광복군 총사령 지청천 장군의 외손자인 이준식 관장도 흔쾌히 허락했다. 그래서 2018년 4월 9일 첫회 연재가 나갔고, 2019년 4월 15일 50회 연재를 마치게 되었다. 이 책은 50회에 걸친 『국방일보』 연재 기사를 주제별로 분류하여 장·절로 편집해 발간한 것이다.

필자는 『국방일보』와 인연이 깊다. 오래전 국가보훈처 연구관으로 재직하던 시절 『국방일보』의 의뢰로 기획 시리즈를 연재한 경험이 있다. '군사기획: 군 현충시설 탐방'이라는 제목으로 6·25전쟁 전투전적비 탐방기를 약 1년간 38회 연재했다. 필자가 임시정부 시리즈를 연재하기 전부터 국방TV 작가로 활동하는 딸아이도 『국방일보』에 '병영칼럼'을 연재하고 있었다. 부녀가 같은 신문에 각기 칼럼을 연재하는 특별한 경험을 한 것이다.

같은 집에서 살며 같이 밥을 먹는 식구로서 딸아이만 봐왔는데, 병영칼럼의 글을 보며 그 아이의 인생철학과 세계관을 조금이나마 이해할 수 있었다. 역시 글에는 그 사람의 성품과 인성이 내재되어 있고, 사람이 영혼을 생활 도구로 삼아 산다는 것이 정말 어려운 일이라는 사실도 새삼 느꼈다. 우연찮게 이같이 특별한 기회를 주고 새로운 경험을 하게 해준 『국방일보』에 감사의 마음을 전한다.

필자에게 임시정부의 역사에 대해 관심을 갖게 해준 사람은 한시준 교수이다. 물론 조동걸 선생님 문하에서 임시정부에 대해 수학했지만 필자의 관심은 민족대중, 그중에서도 농민대중에 있었다. 그래서 한동안 일제강점기 농민운동과 농업기구에 관심을 집중했다. 그러다가 한시준 교수의 권유로 임시정부의 역사와 임시정부 요인들에 대해 공부하게 되었다. 만날 때마다 여러 가지를 물어보는 필자에게 싫은 내색하지 않고 자상하게 알려

주고, 주저주저할 때마다 용기를 준 한시준 교수가 없었다면, 이 책도 없었을 것이다. 평소 고맙다는 말을 못했는데, 이 자리를 빌려 감사의 인사를 드린다.

필자는 2017년 10월 17일 은사 조동걸 선생님과 영영 이별했다. 평소 가깝게 모시진 못했지만, 가슴 한편으로는 너무나 죄송한 마음이다. 필자가 한국근현대사학회 회장으로 활동할 때는 아픈 몸에도 학술회의 장소까지 직접 나와 자리를 빛내주셨고, 독립기념관 한국독립운동사연구소장으로 임명되자 누구보다도 기뻐해주셨다. 선생님이 선후배 제자들을 불러 모아 마련해주신 축하 모임이 문하 제자들과의 마지막 자리인 줄은 아무도 몰랐다. 선생님이 훌쩍 떠나신 지 2년이 채 안되지만, 선생님이 떠난 자리가 너무나 허전해 보인다. 청개구리처럼 떠나신 다음에야 선생님의 진면목을 알게 되니 후회스럽기 그지없다. 부끄럽고 모자라지만, 이 책을 선생님의 영전에 바친다.

끝으로 장기간 『국방일보』 연재를 허락해주신 이붕우 원장님을 비롯해 디지털국방일보팀 기자들의 노고에 깊이 감사드린다. 이 책이 나오기까지 여러 조언을 해준 김도형·박민영·이재호 선생을 비롯한 우리 연구소 연구위원들과, 불황에도 기꺼이 출판해준 역사공간 주혜숙 사장님, 그리고 책을 아름답게 편집해준 선우애림 선생께도 심심한 감사의 말씀을 전한다.

대한민국 임시정부 수립 100주년을 맞이하여

김 용 달

차례

책머리에 4

국민을 위한 나라를 꿈꾸다 | 대한민국 임시정부의 수립 |

자주독립 통일 민주국가의 기원 대한민국 임시정부　13
대한의 독립과 대한인의 자주를 선언한 3·1운동　17
국민주권에 기초한 민주공화제 정부　21
임시정부 초대 내무총장 도산 안창호　25
통합 대한민국 임시정부의 출범　30

법치국가의 근간을 만들다 | 대한민국 임시의정원의 개원 |

대한민국 임시의정원의 탄생　35
입법활동과 헌법 개정　39
법치주의와 민주주의를 실현한 대한민국 임시의정원　43
재정정책을 통한 독립운동 자금 모집과 관리　47
국내외 동포 통할을 위한 내정정책　51
무장독립운동의 의지를 구현해간 군사정책　56

자주독립국가의
기반을 다지다 | 대한민국 임시정부의 다양한 활동 |

민족독립과 정부 승인을 위한 외교활동 61
임시정부의 기관지 『독립신문』의 발행 66
역사를 바로세운 『한일관계사료집』 발간 70
민족혼 고취를 위한 교육활동 74
3·1운동의 불꽃을 되살린 임시정부 특파원 78

대동단결과 민족전선
통일을 위해 힘쓰다 | 임시정부의 민족진영 통일과 통합 노력 |

민족통일운동의 역사적 자산 국민대표회의 83
민족유일당운동의 전개와 한국독립당의 창설 87
한국대일전선통일동맹의 결성 95
민족혁명당과 한국국민당 100

최후의 일인까지
최후의 일각까지 | 대한민국 임시정부의 무력투쟁 |

대한민국 임시정부의 독립전쟁 추진　111
임시정부와 청산리 대첩　115
독립전쟁 전략 확립과 대독립당 건설 제창　119
의열투쟁과 한인애국단　124
육군 주만 참의부의 사이토 총독 습격　132
이봉창과 윤봉길 의거　136

이동을 거듭하며
연대 투쟁을 모색하다 | 대한민국 임시정부의 대장정 |

상해를 떠난 대한민국 임시정부　145
한·중 연대투쟁과 중경 안착　150
정당통일운동의 전개　159

조국광복과 민족독립의
꿈을 실현해나아가다 | 중경 시기 대한민국 임시정부의 활동 |

한국독립당과 한국광복군의 창설 165
「대한민국 건국강령」 발표 174
대일 선전포고와 군사통일 178
좌우 통일의회와 연합정부 출범 188
중경 시기 재정정책과 외교활동 196
국제사회의 한국독립 보장 206

자유와 평화 그리고
정부 수립을 향해 나아가다 | 대한민국 임시정부의 환국 |

자유와 평화를 위하여 211
대한민국 정부 수립을 위하여 224
대한민국 임시정부 100년의 결실 234

참고문헌 238

국민을 위한 나라를 꿈꾸다

― 대한민국 임시정부의 수립 ―

자주독립 통일 민주국가의 기원
대한민국 임시정부

 2019년, 올해는 대한민국 임시정부 수립 100주년이다. '대한민국'이라는 국호를 대내외에 공표한 지 100년이 되고, 또 '왕의 나라'에서 '국민의 나라'로 대전환을 이룬 지 100년이 된다는 얘기다. 이때 오늘날 우리가 살고 있는 자랑스러운 '대한민국'이 탄생하고, 국민주권주의에 입각한 '민주의 나라'가 만들어졌다. 대한민국의 성립은 반만년 우리 역사에서 가장 큰 전환점이었다. 고조선 이래 대한제국까지 우리나라는 군주(왕)가 주권을 오로지하는 전제군주국이었다. 그러나 대한민국의 성립으로 주권은 우리 국민 모두가 갖고, 주권을 가진 우리 국민 모두가 화합해 정부를 세워 나라를 운영하는 민주공화국이 된 것이다.
 역사는 사람이 만든다. 사람이 자연과 더불어 그리고 사람들과 함께 부대끼며 살아온 발자취가 역사이고 문화이다. 그래서 역사 발전의 힘은 무엇보다 더 나은 세상을 만들고자 하는 꿈과 이상이다. 독립운동을 펼쳐나가던 시기, 우리 민족은 자주독립의 꿈과 국민주권의 이상을 담아 1919년 4월 11일 중국 상해에서 대한민국 임시정부를 만들었다. 일제의 침략으로 국민은 노예 상태로 핍박받고, 주권은 빼앗기고, 영토는 강점당한 그야말로 척박한 땅 위에 희망의 나무를 심은 것이다. 얼마나 대단한 일

인가. 이러한 일을 두고 근대 국가의 조건을 따져 국민·주권·영토를 제대로 갖추지 못했으므로 근대 국가와 정부가 아니라고 말한다면 자기비하도 그런 자기비하는 없을 것이다.

더구나 대한민국 임시정부는 그냥 만들어진 것이 아니다. 3·1독립선언과 열화 같은 독립 만세운동의 결실이라는 발생가치를 가진다. 우리 민족 스스로 "우리 조선의 독립국임과 조선인의 자주민임을 선언"하고, 당시 2,000만 동포 가운데 적어도 200만 동포가 목숨을 건 독립 만세운동으로 분출된 찬성 의사를 결집하여 이루어졌다. 묵시적 동조자까지 포함한다면 그야말로 일부 친일파를 제외한 온 겨레의 전폭적인 지지가 임시정부의 기반이라고 해도 과언이 아니다.

이렇게 성립한 대한민국 임시정부는 1945년 8·15광복의 그날까지 끊임없이 독립운동을 주도했다. 우리 민족의 대표기관이자 독립운동의 지도기관으로 중심적 역할을 수행한 것이다. 국제사회에서 독립을 보장받기 위한 외교활동, 중국 만주와 러시아 연해주에서 일본군과 직접적인 무장투쟁, 동포 자제들을 위한 민족교육, 민족독립과 함께 인류의 자유와 평화, 인도와 정의를 부르짖은 의열투쟁, 나아가 국내외 동포들을 아우르며 조국광복의 날을 열어갔다. 이 같은 가시밭길 독립운동의 역정에는 온갖 우여곡절이 있었지만, 민족독립을 포기한 적도 민주국가의 길을 버린 적도 없었다.

더욱이 일제가 중일전쟁과 태평양전쟁을 도발하자 대한민국 임시정부는 국군을 창설했다. 바로 한국광복군이다. 이를 바탕으로 임시정부는 일본에 선전포고를 발표하고, 연합국과 합세하여 싸웠다. 중국 국민군의 대일항전을 지원하고, 영국군을 도와 인도 미얀마전선에서 일본군과 맞서고, 미국 OSS(Office of Strategic Services, 전략첩보국)와 연합하여 국내 정진작전을 추진했다. 조국광복을 성취하는 과정에서 대한민국 임시정부가 이룬 역할가치 또한 만만하지 않다는 얘기다. 따라서 8·15광복은 연합국

최초의 대한민국 임시정부 청사(상해 하비로 321호)

승전의 부산물도, 하늘에서 떨어진 떡도, 어느 날 갑자기 찾아온 손님도 아니었다. 곧 우리 민족이 대한민국 임시정부를 세워 피땀으로 이룬 성취이자 결과다.

흔히 "꿈은 이루어진다"고 말한다. 얼마 전에 도산 안창호 선생의 사적지를 조사하기 위해 미국 캘리포니아주 로스앤젤레스를 방문한 적이 있었다. 거기 리버사이드(Riverside)시청 광장에 세워진 안창호 선생의 동상을 찾은 것이다. 그곳에는 안창호 선생의 동상뿐만 아니라 미국의 흑인 인권운동가 마틴 루터 킹(Martin Luther King) 목사의 동상이 서 있었다. 두 손으로 흑인 남녀 아이의 손을 잡고 힘차게 걸어가는 킹 목사의 동상 받침돌에는 이렇게 쓰여 있다. "I Have A Dream." 나는 꿈을 갖고 있다는 말이다. 그 구절을 보는 순간 미국 최초의 흑인 대통령 버락 오바마(Barack Obama)가 떠올랐다. 매우 배타적인 백인 중심 사회에서 흑인 대통령이 탄생한 이유를 그곳에서 찾을 수 있었다.

마틴 루터 킹 동상(리버사이드시 광장)

　대한민국 100년을 맞이한 우리에게 대한민국 임시정부가 주는 역사적 의의도 바로 여기 있다. 대한민국 임시정부를 세운 발생가치도 중요하고, 대한민국 임시정부가 이룬 역할가치도 중요하지만, 무엇보다 중요한 것은 대한민국 임시정부의 존재가치이다. 우리 민족이 꿈조차 잃어버린 고난의 시기가 일제강점기가 아닌가. 그런 엄혹한 시기에 우리에게 위안이 되고 민족독립의 꿈과 이상을 잃지 않게 했던 것이 대한민국 임시정부라는 존재였다. 그래서 훌륭한 교육자이자 독립운동가 김마리아도 1923년 상해 국민대표회의 석상에서 목청 높여 얘기한 것이다. 국내에 들어가 대한민국 임시정부를 팔지 않으면 밥 한 끼도 얻어먹지 못한다고 했다. 일제 말기 강제로 학병에 끌려간 수많은 우리 젊은이들이 죽기 살기로 일본군을 탈출해 찾아간 곳이 바로 대한민국 임시정부라는 사실이 그 존재가치를 잘 말해준다. 대한민국 헌법 전문에 새겨진 "우리 대한국민은 3·1운동으로 건립된 대한민국 임시정부의 법통을 계승"한다고 하는 생생한 이유도 바로 여기에 있다.

대한 독립과 대한인의 자주를 선언한 3·1운동

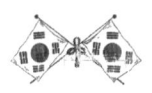

대한민국 임시정부는 3·1독립운동과 떼려야 뗄 수 없는 관계다. 대한민국 임시정부는 3·1독립운동으로 성립했고, 3·1독립운동은 대한민국 임시정부의 수립으로 그 빛을 발했기 때문이다. 한마디로 대한민국 임시정부는 3·1독립운동의 옥동자이자 계승자라는 말이다.

중요한 것만 들더라도 3·1독립운동 시기 4개 지역에서 독립선언이 발표되었다. 만주 길림에서 대한독립선언, 일본 도쿄에서 2·8독립선언, 국내 서울에서 3·1독립선언 그리고 러시아 블라디보스토크에서 대한국민의회 독립선언이 있었다. 이 독립선언들의 공통 언어는 "우리 대한의 자주독립과 대한 국민의 자주" 또는 "우리 조선의 독립과 조선인의 자주"였다.

예컨대 만주 길림에서 김교헌 등 독립운동가 39인의 이름으로 발표된 대한독립선언은, "아(우리) 대한은 완전한 자주독립과 대한민주의 자립을 선포"했다. 재일 한국유학생 대표인 조선청년독립단 명의로 발표된 2·8독립선언은, "아(우리) 이천만 민족을 대표하여 세계 만국의 전(앞)에 독립을 선언"했다. 국내에서 민족대표 33인의 이름으로 발표된 3·1독립선언에서는, "아(우리) 조선의 독립국임과 조선인의 자주민임을 선언"했음은 잘 알려진 사실이다. 재러동포 대표들로 구성된 대한국민의회도, "우리 2천만

서울 종로에서 독립 만세시위를 하는 여성들

종로에서 일어난 만세시위 모습

동포들을 대표하여 천하만국에 독립을 선언"했다.

중요한 사실은 이 독립선언들에 보이는 "육탄 혈전(대한독립선언)" 또는 "영원 혈전(2·8독립선언)" 또는 "영구의 혈전(대한국민의회 독립선언)" 그리고 "최후의 일인까지 최후의 일각까지 민족의 정당한 의사를 쾌히 발표하라(3·1독립선언)"는 말이다. 자주독립을 달성할 때까지 우리 대한국민은 마지막 한 사람이라도, 마지막 한 순간까지도 영원히 '피의 투쟁'을 멈추지 않겠다는 뜻이다. 조국독립과 민족자주를 위한 굳은 의지의 표명이었다.

더 중요한 것은 독립과 자주를 말로만이 아니라 몸소 행동으로 표출한 사실이다. 국내동포는 물론 국외동포까지 독립선언에 참여했다. 국내 삼천리 방방곡곡에서, 중국 만주와 러령 연해주와 미주 그리고 일본 도쿄와 오사카에서까지 독립선언과 만세시위가 벌어졌다. 박은식의 『한국독립운동지혈사』에 따르면, 3·1운동 시기 전국 각지에서 연인원 202만 3,000여 명의 동포들이 1,542회의 독립선언 만세시위운동에 참여했다. 가히 전국적이며 거족적인 독립운동이라 말해도 과언은 아니다.

이렇게 우리 민족 대다수가 조국독립과 민족자주를 원했으니, 그 뜻을 결집할 수 있는 우리나라와 우리 정부가 필요했다. 일제의 조선총독부가 아니라 우리 스스로 세운 나라와 정부가 절실했던 것이다. 그래서 3·1독립운동 현장의 모습은 정형화된 틀이 있었다. 우선 사람들을 공공장소, 즉 장터에 모았다. 여기서 "대한의 독립과 대한인의 자주"를 선언한 뒤, 시위 군중들은 일제의 식민통치기관인 면사무소나 헌병경찰주재소로 몰려갔다. 이제 우리 대한이 독립했으니, 일본제국주의는 물러가라는 뜻이다.

여기서 충돌이 일어났다. 순순히 물러가지 않으려는 일제와 빨리 물러가라는 우리 민족의 요구가 격돌했다. 이 과정에서 많은 희생자와 부상자 그리고 투옥자가 발생했다. 박은식의 통계에 따르면, 7,509명의 희생자와 15만 961명의 부상자와 46만 948명의 투옥자가 생겼다. 얼마나 조국독립과 민족자주의 의지가 절실하고 강렬했는지 짐작하고도 남을 수치다.

3·1독립운동은 세계만방에 독립을 구걸하거나 청원한 것이 아니다. 대한인 스스로 대한의 독립과 대한인의 자주를 선언한 것이다. 그러니 나라와 정부를 세우는 일도 대한인 스스로 해야 했다. 더욱이 시급히 해야 할 일이 있었다. 바로 독립을 위해 '영원 혈전'을 벌여야 했고, 그를 위해 우리 민족의 대표기관과 국민의 지도기관을 만들어야 했다. 그래서 3·1독립운동 시기 각지에서 임시정부가 탄생했다.

먼저 러령 연해주에서 대한국민의회의 독립선언과 함께 정부안이 발표되었다. 이어 국내에서 한성정부안이 성립했다. 그리고 3·1독립운동이 최고조로 달한 시기인 4월 11일 상해에서 대한민국 임시정부가 수립되었다. 나라의 이름을 '대한'으로 하고, 정치체제를 민주공화제, 곧 '민국'으로 하며, 우리 국토가 아닌 외국 땅에서 전 국민이 아닌 독립운동가들이 세운 정부이기에 '임시정부'라 한 대한민국 임시정부가 수립된 것이다. 국제 관례와 민주 절차에 따라 상해에 모인 독립운동가들 가운데 각도 대표와 북간도와 서간도와 연해주 그리고 미주 대표를 선발하여 임시의정원, 곧 국회를 구성하여 세웠다.

이렇게 출범한 대한민국 임시정부는 27년 동안 대한민족의 대표기관이자 대한국민의 지도기관으로 지대한 역할을 수행했다. 온갖 고난과 역경을 딛고 상해 시기와 장정(이동) 시기 그리고 중경 시기에 이르기까지 민족 독립의 길을 열어왔다. 때로는 만주 독립군단을 영도하고, 때로는 의열투쟁도 불사하면서, 결국에는 대한민국 임시정부의 국군으로 한국광복군을 창설하여 '영원 혈전'의 사명을 다하여 조국 광복을 이루어낸 것이다.

국민주권에 기초한
민주공화제 정부

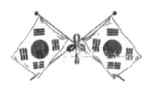

"대한민국은 민주공화제로 함." 이는 「대한민국 임시헌장」 제1조에 명시된 대한민국의 정체이자 국체이다. 「대한민국 임시헌장」은 우리나라 최초의 근대 성문 헌법이다. 이는 대한민국 임시헌장 선포문과 전문 10조로 구성되었으며 대한민국 임시의정원에서 제정 선포되었다.

1919년 4월 10일 오후 10시에서 11일 오전 10시까지 상해 김신부로 60호에서 열린 대한민국 임시의정원 제1회 의회는 제헌의회라 할 수 있다. 여기서 국호로 '대한민국', 임시헌법으로 「대한민국 임시헌장」 그리고 국무총리 이승만을 비롯한 각 부 총장(장관) 등 각료들이 선출되어 대한민국 임시정부가 수립된 것이다. 더욱이 대한민국 임시정부가 정체로 민주공화제를 채택함으로써 고조선 건국 이래 반만년 지속된 군주전제 국가가 사라지고 민주공화제 국가가 새롭게 성립하게 되었다. 이로써 우리나라는 왕국(제국)에서 민국으로, 우리 민은 봉건국가의 신민(臣民)에서 근대국가의 국민으로, 나아가 무권리의 백성에서 주권을 가진 시민으로 거듭나게 된 것이다. 진실로 우리 역사의 일대 전기가 되었다.

모든 역사가 그렇듯이 이는 거저 이루어진 것이 아니다. 여기에 이르기까지 오랜 고뇌와 고투의 시간이 있었다. 우리 역사에서 최초의 근대 개

대한민국 임시정부 신년 축하회 기념 사진(1920년 1월 1일)

혁운동은 '3일천하'로 끝나고 말았지만, 갑신개혁에서 시도되었다. 김옥균을 비롯한 개화파 인사들은 1884년 정변을 일으켜 '갑신개혁강령'을 반포했다. 이 속에는 근대적 개혁 조치들이 담겨 있었다. 신분제 철폐를 위한 인민평등권의 제정, 군주와 신민의 공동 정치를 위한 군민공치(君民共治)의 정치 지향 등이 포함된 것이다. 하지만 이 개혁안은 정변의 실패로 말미암아 역사의 흔적으로만 남게 되었다.

이후 서구 자유주의의 세례로 근대 민권운동이 일어났다. 1896년 독립협회가 결성되어 근대 민족운동을 전개한 것이다. 독립협회는 『독립신문』을 발행하여 자유주의사상을 전파하는 한편 만민공동회운동을 통해 입헌군주제를 지향했지만, 보수파의 공격으로 성공하지 못했다.

을사늑약 이후 애국계몽운동기에도 근대 민권운동은 계속되었다. 실력양성운동의 일환으로 전개된 애국계몽운동은 근대 정치사상을 전파하는

데도 힘썼다. 헌정연구회와 대한자강회 그리고 신민회가 앞장섰다. 특히 신민회는 을사늑약으로 빼앗긴 주권의 일부를 되찾기 위한 국권회복운동과 함께 근대국민으로 거듭나기 위한 공화주의를 모색했지만, 이 또한 경술국치로 무산되었다.

신민회 인사들은 후일 대한민국 임시정부 수립, 나아가 운영과 유지의 중심세력이 되었다. 안창호·이동녕·이동휘·박은식·이시영, 그리고 김구 등이 바로 그들이다. 뜻이 있다고 일이 쉽게 이루어지는 것은 아니다. 여건이 무르익고, 또 역량이 성숙해야 한다.

경술국치 이후에도 새로운 국가를 세우기 위한 독립운동가의 고뇌는 끊임없이 이어졌다. 이 과정에서 독립운동이 우리 민족의 독립만이 아니라 침략주의에 맞서 인류의 자유와 평화 그리고 정의를 구현하는 인도주의운동이라는 사실을 자각하게 되었다. 독립운동의 진정한 의미를 터득한 것이다.

국제정세의 변화에도 관심을 기울였다. 1911년 중국의 국민혁명인 신해혁명을 체험하고, 1917년 러시아의 노농혁명도 목격하면서 세계 개조의 도도한 흐름을 놓치지 않은 것이다. 그래서 미주의 대한인국민회중앙총회를 중심으로 미주지방총회와 하와이지방총회 그리고 시베리아지방총회 등을 아우르는 '무형(無形)국가'를 세우려 했다. 국토와 국민이 일제의 강점 아래 있기에 재외동포들을 중심으로 주권을 행사할 민족의 대표기관을 설립하려는 시도였다. 이런 우리 민족의 역량을 바탕으로 국제정세의 변화를 포착하여 1917년 '대동단결선언'이 발표되었다. 재외동포들이 대동단결하여 무형국가로 임시정부를 세우자는 것이다.

이 선언에는 매우 탁월한 우리식 국민주권주의가 반영되어 있다. 서구 자유주의에 입각한 국민주권주의만이 아니라 우리 고유의 국민주권주의가 중심사상으로 자리 잡고 있는 것이다.

경술년(1910) 융희황제(순종)의 주권포기는 즉 아(우리) 국민동지에 대한 묵시적 선위이니 아(우리) 동지는 당연히 삼보(주권)를 계승하여 통치할 특권이 있고, 또 대통을 상속할 의무가 있도다. 고로 2천만의 생령(국민)과 삼천리의 구강(국토)과 4천년의 주권은 오인(우리) 동지가 상속했고 상속하는 중이요 상속할 터이니, 오인(우리) 동지는 이에 대하여 불가분의 무한책임이 중대하도다.

이처럼 독립운동가들은 '대동단결선언'에서 고조선 이래 '4천 년의 주권'이라는 고유주권설을 창안하고, '황제주권포기 국민주권수수설'을 창안하여 우리 민족의 대동단결기관으로 재외동포를 중심으로 하는 임시정부의 수립을 주장한 것이다.

이제 빼앗긴 나라를 되찾을 독립운동 주체도 우리 국민이요, 임시정부를 수립할 주체도 우리 국민이 된 것이다. 이러한 논리에 따라 3·1운동 중에 우리 민족의 대의를 결집해 우리식 국민주권에 기초하여 민주공화제 정부로 대한민국 임시정부를 수립한 것이다.

나아가 27년 동안 민주공화제 원칙을 임시의정원과 임시정부라는 제도와 절차만이 아니라, 실제 정국 운영에서도 철저하게 적용했다. 그렇게 치밀한 준비로 광복의 날을 열어가며 새로운 민주의 역사를 써나간 것이다.

임시정부 초대 내무총장
도산 안창호

상해에서 대한민국 임시정부를 세우는 데 앞장선 인물들은 청년층이다. 그 가운데서도 일본이나 중국에서 유학한, 선진 기예한 청년들이 앞장섰다. 이들은 이미 1918년 8월 신한청년당을 결성한 뒤, 파리강화회의에 특사를 파견하고 국내외로 독립운동 계획을 전파했다. 나아가 3·1운동이 봉기하자 곧이어 대한민국 임시정부를 세웠다. 장년층인 이동녕·이시영·신규식 등이 뒷배가 되고 여운형·김철 등 신한청년당원들과 조소앙·신익희 등 신진기예들이 앞장서 대한민국 임시정부의 체제와 제도를 마련한 것이다.

하지만 의욕만으로는 국정을 운영하고 독립운동을 주도할 수 없다. 국정 운영에는 삼박자가 갖추어져야 한다. 바로 조직과 인물과 자금이다. 불완전하나마 임시정부로서 조직과 인물은 어느 정도 구비했으나 자금이 문제였다. 이를 해결할 인물이 필요했는데, 그가 부임했다. 대한민국 임시정부의 초대 내무총장으로 선임된 도산 안창호였다.

안창호는 당시 독립운동계에서 촉망받는 인물 가운데 한 사람이었다. 그는 여러 장점을 가지고 있었다. 우선 민주공화제 정부를 이끌기에 적합한 인물이었다. 평민 출신으로 경신학교의 전신인 밀러학당에서 신식 교육을 받았으며, 미국에 유학하여 자유주의 세례를 받은 근대 지성이었다. 더

도산 안창호

안창호와 국무원 각료들(1919년 10월 11일)

욱이 미주에서 1905년 공립협회를 결성하여 민족운동을 전개하고, 1907년 국내로 들어와 한말 최대의 국권회복운동 조직인 신민회를 이끌었던 신망 있는 인물이었다.

1910년 경술국치 직전 중국으로 망명한 안창호는 미주에서 흥사단을 발족하여 건전 인격의 민족지도자를 양성하는 한편, 무형정부를 지향한 대한인국민회중앙총회장을 역임한 장년의 노련한 독립운동가이기도 했다. 특히 그는 대한인국민회의 공식 파견요원으로서 대한민국 임시정부의 내무총장으로 부임하면서 막대한 독립운동 자금을 지참하고 있었다. 그 액수는 대한인국민회의 공식 지원금 3만 달러와 개인 후원금 1만 달러를 합쳐 약 4만 달러에 달했다. 이는 요즈음 액수로 환산하면 적어도 40억 원 정도의 가치를 지닌 돈이다.

초기 임시정부의 살림살이는 이 자금으로 충당되었다. 상해 프랑스조계 하비로에 근사한 대한민국 임시정부 청사를 마련하고, 기관지로 『독립신문』을 발간하며 각료와 직원들의 봉급도 주었다. 더 중요한 것은 이 돈이 독립운동 자금으로 쓰였다는 점이다.

안창호는 미주에서 홍콩을 거쳐 1919년 5월 25일 상해에 도착한 뒤, 6월 28일 내무총장에 취임하여 업무를 개시했다. 국무총리로 선임된 이승만은 부임하지 않고 있었다. 그래서 안창호가 내무총장 겸 국무총리 대리로 집무하면서 초기 임시정부를 주관한 것이다.

내무총장에 취임하면서 안창호가 시급하게 추진한 것이 국내외 동포들에 대한 통치 시도이다. 대한민국 임시정부가 국가와 정부로서 역할을 수행하기 위해서는 국내외 동포들의 지지와 지원이 무엇보다 중요했다. 국민이 없는 국가와 정부는 생각할 수도 없는 일이기 때문이다. 그래서 대한민국 임시정부는 항상 국내외 동포들에 대한 관심과 통치 의지를 숨기지 않았던 것이다. 그는 비밀리에 지방행정기구를 설치하여 국내 동포들을 통치함으로

LA 대한인국민회 총회관

써 실질적인 주권기관의 역할을 수행하고자 했다. 그 노력이 법제화된 것이 1919년 7월 10일 국무원령 제1호로 발포된 「임시연통제」이다.

연통제는 내무부(내무총장) 아래 감독부(도) → 총감부(군) → 사감부(면)로 체계화된 지방행정조직망을 설치하는 것이다. 이러한 연통제의 구상과 조직망은 새로운 것이 아니었다. 이미 안창호는 신민회 시절 그 같은 구상을 실현한 적이 있었다. 중앙의 총감독을 우두머리로 각 도에 총감, 각 군에 군감을 두고 전국적으로 국권회복운동을 주도한 신민회의 조직 원리가 바로 연통제의 연원이 되었다.

안창호는 내무총장에 취임한 직후 지방행정조직망으로 '임시연통제'를 시행하면서, 국내외에 임시정부 특파원을 파견했다. 이들을 통해 한편으로는 연통제 설치를 추진하고, 다른 한편으로는 3·1운동의 불꽃을 되살리기 위해 온힘을 쏟았다. 임시연통제 발포 직후인 7월에 10차례에 걸쳐 집중적으로 임시정부 특파원의 국내 파견이 이루어진 사실이 이를 잘 말해준다. 파견 지역 또한 서울과 경기도를 비롯하여 함경도와 평안도, 황해도와 강원도, 충청도와 경상도에 이르기까지 전국에 걸쳐 있었다.

안창호가 지속적으로 국내에 파견한 임시정부 특파원의 주된 임무는 '선전과 시위운동'이었다. 즉 대한민국 임시정부의 수립을 국내에 널리 알리고, 소강상태로 접어든 3·1운동의 불길을 되살리려는 것이다. 더 나아가 10월 31일로 정해진 일왕 다이쇼의 천장절 기념일을 기해 국내에서 대대적인 제2차 독립 만세운동을 추진했다.

마침내 10월 31일을 전후하여 제2차 독립 만세운동이 터졌다. 박은식을 비롯한 대한민족대표 30인의 명의로 된 독립선언서가 살포되고, 서울과 평양을 비롯하여 의주·선천·정주·영변 등지에서 제2차 독립 만세운동이 일어났던 것이다. 여기에 내무총장 안창호의 뛰어난 지도력과 자금이 투입된 사실은 두말할 나위도 없었다.

통합 대한민국 임시정부의 출범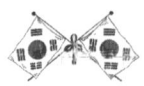

3·1운동 시기 각지에서 임시정부가 선포되었다. 그 가운데 3곳에서 절차적 정당성과 실체를 가진 임시정부가 성립했다. 하나는 러령 연해주에서 성립한 대한국민의회 임시정부이다. 이른바 '러령정부'로 대한국민의회가 독립을 선언하고 곧이어 3월 21일 대통령 손병희, 부통령 박영효, 국무총리 이승만, 내무총장 안창호, 군무총장 이동휘 등을 각원으로 하는 임시정부를 선포한 것이다.

다른 하나는 국내에서 4월 초 한남수·이규갑·홍진 등이 인천 만국공원에 모여 13도 대표와 종교계 대표로 민족대표를 선임하여 조직한 임시정부이다. 세칭 '한성정부'로 집정관총재 이승만, 국무총리 이동휘, 내무총장 이동녕, 노동국총판 안창호 등을 각원으로 했다. 그리고 4월 23일 보신각에서 국민대회를 통해 민족대표와 정부 각원을 추인하여 대내외에 선포할 계획이었다. 하지만 일제의 탄압으로 국민대회를 열지는 못하고 취지서와 선포문만 살포하고 말았다.

또 하나는 상해에서 4월 11일 성립한 대한민국 임시정부이다. 곧 '상해정부'로 국회인 임시의정원을 구성하여 국무총리 이승만, 내무총장 안창호, 외무총장 김규식, 군무총장 이동휘 등을 각원으로 선출하여 성립했다.

이 3곳의 임시정부는 각기 절차적 정당성을 가졌다. 러령정부는 만주와 러령동포 대표로 대한국민의회를 구성하여 수립했고, 한성정부는 국내에서 명분상이지만 13도와 종교계에서 민족대표를 선발하여 수립했으며, 상해정부는 각도 대표와 독립운동 지역 대표로 임시의정원을 구성하여 수립한 덕분이다.

러령정부 대통령 손병희

문제는 임시정부를 운영하는 과정에서 불거져 나왔다. 러령정부에서는 의회는 활동했지만, 정부가 운영되지 않았다. 정부수반이 피체되거나 국내와 미주에 있었기 때문이다. 한성정부는 의회와 정부 모두 활동하지 못했다. 일제의 감시와 탄압 때문이다. 한편 상해정부는 의회와 정부가 작동하고 있었지만, 불완전했다. 정부수반인 국무총리 이승만을 비롯하여 각료 태반이 부임하지 않았기 때문이다. 내무총장 안창호가 국무총리를 대리하며 정부의 명맥을 유지하고 있을 뿐이었다. 그래서 대한민국 임시정부를 명실상부한 민족의 대표기관이자 독립운동의 지도기관으로 만들기 위해 안창호가 나섰다.

안창호는 러령 대한국민의회에 사람을 보내 의회 통합을 꾀하고, 미주의 이승만에게 연락하여 상해로 부임할 것을 촉구했다. 그런데 이승만은 대한민국 임시정부의 국무총리가 아니라 한성정부의 집정관총재 혹은 이를 대통령으로 번역하여 독자적으로 활동하고 있었다. 그러면서 이미 자신을 대통령으로 각국에 통보했으니, 대통령제로 정부형태를 바꿀 것을 요구

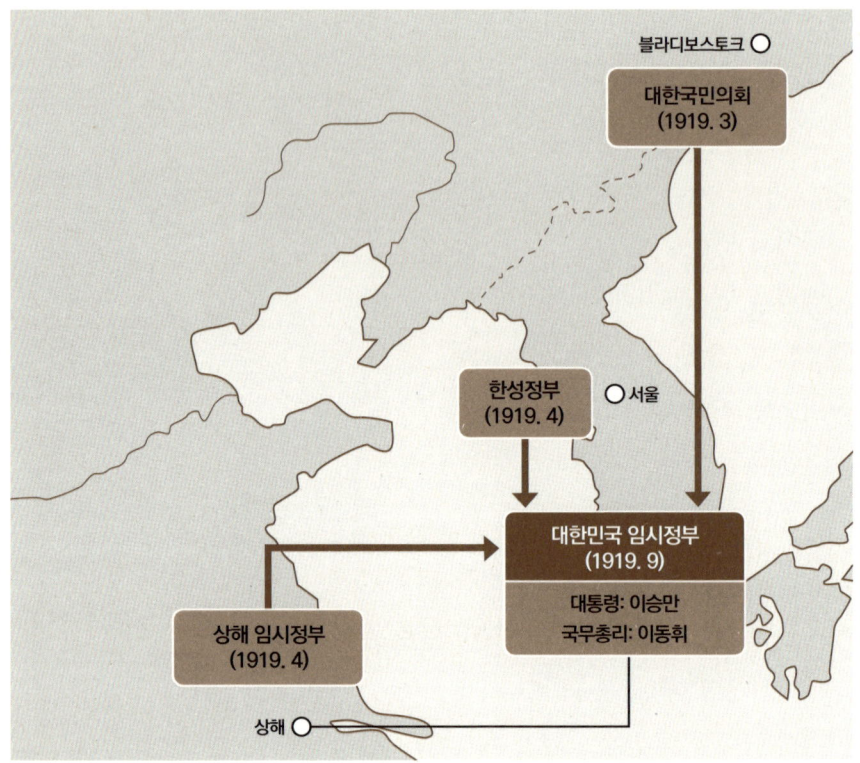

각지에 세워진 임시정부들

했다. 안창호는 이승만의 요구를 들어주면서, 대한국민의회와 권력을 나눌 수 있는 길을 모색했다. 바로 정부는 한성정부안을 따르고, 의회는 상해 임시의정원과 러령 대한국민의회를 통합하는 것이다. 명분과 실질을 구비한 방안이었다.

    재외동포 사이에는 국내를 존중해야 한다는 존내(尊內)주의가 있었다. 비록 한성정부는 실체는 미약하지만 국내동포들 손으로 만든 정부라는 인식이 강했다. 그래서 각료는 한성정부안을 채택하여 무시할 수 없는 존재감과 정통성을 확보한 것이다. 의회, 곧 임시의정원에는 대한국민의회 대표를 일부 수용하여 실리를 주었다. 이렇게 해서 통합 임시의정원에서 정부형태를 국무총리제에서 대통령제로 하며 임시헌법을 개정하고, 대통령 이승만을 비롯한 한성정부의 각원을 그대로 승인하여 9월 11일 통합 대한민국 임시정부가 성립했다.

여기서 안창호의 헌신성이 또 한 번 빛을 발했다. 3곳의 임시정부에서 이승만과 이동휘 그리고 안창호는 모두 각원으로 선임되었다. 이승만은 국무총리(러령정부)와 집정관총재(한성정부)와 국무총리(상해정부)이고, 이동휘는 군무총장(러령정부·상해정부)과 국무총리(한성정부), 안창호는 내무총장(러령정부·상해정부)과 노동국총판(한성정부)이다. 한성정부안을 따르면 안창호는 다른 두 사람에 비해 낮은 자리를 맡게 된다. 이를 마다하지 않은 안창호의 헌신성이 통합 임시정부를 이루어낸 것이다.

통합 대한민국 임시정부의 출범은 러령정부·한성정부·상해정부의 물리적 통합 이상의 역사적 의의를 내포하고 있다. 독립운동 세력으로 보면, 만주와 러령을 대표하는 이동휘와 하와이를 대표하는 이승만과 미주 본토를 대표하는 안창호 세력의 통합이었다. 독립운동 방략으로 보면, 무장투쟁론을 대표하는 이동휘와 준비론을 대표하는 안창호와 외교론을 대표하는 이승만의 결합이었다. 독립운동 이념으로 보면, 자유주의를 숭상하는 이승만과 진보적 민족주의를 지향하는 안창호와 사회주의를 숭상하는 이동휘의 연합이었다. 그야말로 세력·방략·이념의 통합이자 독립운동계 세 거두의 연대로 통합 대한민국 임시정부가 성립함으로써 대한민국의 정통성은 이제 난공불락이 된 것이다.

법치국가의 근간을 만들다

— 대한민국 임시의정원의 개원 —

대한민국 임시의정원의 탄생

근대 국가의 주인은 국민이다. 국민이 주권을 갖고 세운 나라가 근대 국가이기 때문이다. 그래서 근대 국가에서 국민의 의사는 절대적이다. 국민의 의사에 따라 정부가 만들어지고 바뀌고 무너지고 한다. 그런데 국민의 의사는 직접 민주정치로 반영되는 경우도 있으나, 대개의 경우는 국민이 뽑은 대표자에 의해 간접 민주정치로 구현된다. 즉 국민이 뽑은 대표자가 국민의 의사를 대신하는 대의(代議)정치를 행하는데, 의회가 바로 대의정치의 전당이다.

 1919년 4월 11일 민주공화제로 성립한 대한민국도 정부인 임시정부와 의회인 임시의정원으로 구성되었다. 곧 대한민국의 운영은 임시정부가 하고, 임시의정원은 국가 운영에 필요한 여러 제도와 법률을 제정하여 법치주의의 근간을 만든 것이다. 「대한민국 임시헌장」 제2조에도 "대한민국은 임시정부가 임시의정원의 결의에 의하여 이를 통치함"이라고 대의정치와 법치주의를 천명했다. 그러므로 대한민국 정부의 기원은 임시정부에 있고, 대한민국 국회의 기원은 임시의정원에 있다.

 대한민국 임시의정원은 4월 10일 오후 10시 상해 프랑스조계 김신부로 60호에서 처음으로 열렸다. 이때부터 다음 날 오전 10시까지 약 12시간에 걸친 임시의정원 제1회 회의가 개최되었다. 여기서 국호가 '대한민국'으로 결정되고, 근대 헌법인「대한민국 임시헌장」이 제정되고, 국무총리를 수반으로 하는 '임시정부'가 만들어졌다. 그런 의미에서 임시의정원은 건국의회이자 제헌의회라고 해도 과언은 아니다.

이날 참석한 임시의정원 의원은 이동녕을 비롯한 29인의 독립운동가다. 이들이 어떻게 의원으로 선출되었는지는 알 수 없다. 다만 3·1운동 전후 국내외 각지로부터 독립운동가들이 상해로 모여 들었고, 그들 가운데 지도자급이 임시의정원을 구성했다. 이들은 이미 여러 차례 만나 3·1운동에서 분출된 독립의지를 모아 '우리나라'와 '우리 정부'를 세우기로 하여 이날 모인 것이다.

의원들의 면면을 보면, 서울 출신이 이회영 등 6인, 경기도 출신이 조소앙 등 6인, 경상도 출신이 김동삼 등 6인, 충청도 출신이 신채호 등 4인, 평안도 출신이 손정도 등 4인, 전라도 출신이 김철 1인이었고, 나머지 2인을 출신 지역을 알 수 없다. 황해도와 함경도 그리고 강원도를 제외한 각 도의 인물들이 비교적 고르게 안배되었다.

이들은 먼저 회의의 명칭을 정하기로 하여 "본회의 명칭을 임시의정원이라 칭하기로 조소앙의 동의와 신석우의 재청으로 가결"하고, 다음으로 의장단을 선출했다. 의장으로 이동녕, 부의장으로 손정도, 서기로 이광수와 백남칠을 뽑았다. 독립운동계의 원로인 이동녕이 임시의정원 초대 의장으로 선출된 것이다.

이렇게 상해에 모인 독립운동가들이 임시의정원을 구성하여 임시정부를 수립했지만, 그 대표성이 법적으로 보장된 것은 아니었다. 제1회부터 2회까지 임시의정원 의원은 선출된 의원들이었다기보다는 이전부터 상해를 중심으로 활동하던 인사들이거나, 3·1운동 시기 상해로 망명한 인사들이 대부분이었다. 회의 운영도 원칙이 정해진 것이 없었다. 임시의정원의 법적 근거를 마련할 필요성이 생긴 것이다. 그래서 임시정부를 수립한 직후 4월 25일 열린 제3회 회의에서 '대한민국 임시의정원법'을 제정, 통과시켰다.

이날 회의는 임시의정원 역사상 가장 많은 70명의 의원이 참석했다. 8시간의 토론 끝에 임시의정원법이 통과했는데, 이미 임시의정원 개원 초기부터 준비가 있었다. 4월 11일 제1회 회의에서 정부 수립 절차가 완료된 뒤, 신석우의 동의로 임시의정원법 제정을

대한민국 임시의정원 초대 의장 이동녕

위한 기초위원으로 신익희와 조소앙 등 4인이 선출되었다. 이들이 기초한 초안을 제3회 회의에서 심사와 토론 끝에 만창일치로 통과시킨 것이다.

임시의정원법은 13장 57조로 구성되었다. 제1장 총강, 제2장 집회·폐회, 제3장 의원, 제4장 의장·부의장, 제5장 위원회, 제6장 의사와 제안, 제7장 탄핵·건의·질문·사판·청원·수리, 제8장 국무원 정부위원 출석 및 발언, 제9장 징계, 제10장 서기, 제11장 경위 및 기율, 제12장 경비, 제13장 부칙으로 짜였다. 임시의정원의 구성과 운영 그리고 징계 등을 규정한 것이다. 지금의 국회법과 비교해도 체제 면에서는 크게 손색이 없다.

특히 제1조에 "의정원은 각 지방 인민의 대표의원으로 조직함"이라고 하여 국민의 대표기구이자 대의기관임을 명시하고, 의원의 자격은 중등교육을 받은 만 23세 이상의 남녀로 제한했다. 의원의 정원은 인구의 많고 적음에 따라 잠정적으로 경기도·충청도·경상도·전라도·평안도·함경도는 각 6인, 강원도·황해도·중국령 교민·러시아령 교민·미국령 교민 각 3인 등 총 51명으로 정했다.

대한민국 임시의정원 제6회 기념 사진(1919년 9월 17일)

　제6조는 "의정원의 직권은 아래와 같다"고 하여 권한을 규정했다. 일체 법률안의 의결, 임시정부의 예산 및 결산 의결, 조세·화폐와 도량형의 준칙 의결, 공채 모집과 국고 부담에 관한 사항, 국무원과 주외공사의 선정, 선전 강화와 조약 체결, 인민의 청원 수리, 국무원 탄핵 등 13개항에 달한다.

　또한 의정원에는 전원위원회와 상임위원회 그리고 특별위원회를 두었다. 전원위원회는 전체 의원으로 구성했는데, 요즈음 운영위원회 격이다. 법제·내무·외무·재무·군무·교통위원회 등 상임위원회, 예산·결산위원회와 청원위원회와 징계위원회 등 특별위원회로 운영되었다. 지금 국회와 마찬가지로 의원들이 상임위원회별로 활동한 것이다.

입법활동과 헌법 개정

대한민국 임시정부는 임시의정원의 결의로 국정을 운영하는 법치국가였다. 임시의정원의 역할 가운데 입법활동이 가장 중요한 이유가 여기에 있다. 「대한민국 임시헌장」을 비롯한 「대한민국 임시헌법」과 「대한민국 임시약헌」 등 헌법의 제정과 개정, 임시정부의 제반 법령과 임시의정원법의 제정 등 실로 많은 입법활동이 눈에 띈다.

그 가운데 권력구조를 결정하는 헌법을 제정하고 개정하는 일은 임시의정원의 가장 중요한 역할이자 권리였다. 임시정부는 모두 5차례에 걸쳐 헌법 개정을 했다. 정세의 변화에 능동적으로 대처하기 위해 이루어진 것이다.

첫 번째 헌법 개정은 1919년 9월 11일 「대한민국 임시헌장」을 「대한민국 임시헌법」으로 고친 일이다. 통합 임시정부를 제도적으로 완성하기 위한 조치였다. 한성정부를 정통으로 상해정부와 러령정부를 통합하여 통합 임시정부를 출범하면서 그에 걸맞게 헌법을 개정했다. 1차 헌법 개정의 핵심은 국무총리를 수반으로 하는 내각책임제 정부를 대통령 중심제 정부로 개헌하는 권력구조 개편이었다. 논란 끝에 대통령제로 권력구조를 개편하여 초대 임시대통령으로 이승만을 선출함으로써 1차 헌법 개정을 마쳤다.

2차 헌법 개정은 1925년 4월 7일 이루어졌다. 초대 대통령 이승만

초대 임시대통령 이승만

이 정부 소재지인 상해로 부임하지 않고, 미주동포들이 제공한 독립운동 자금을 자의적으로 사용하고, 독단적으로 정부를 운영하자 이를 바로 잡기 위한 헌법 개정이었다. 이러한 난맥상을 대통령제의 문제점으로 인식하여 다시 권력구조를 개편한 것이다. 우선 문제를 야기한 초대 대통령 이승만을 3월 23일 탄핵하여 면직하고, 제2대 임시대통령으로 박은식을 선출한 뒤 이루어진 조치였다. 대통령 중심제 정부를 국무령을 수반으로 하는 내각책임제 정부로 개헌한 것이다.

하지만 국무령을 수반으로 하는 내각책임제 정부는 성공하지 못했다. 가장 큰 이유는 국민대표회의 이후 임시정부의 위상 변화 때문이다. 기존의 임시정부를 개편하여 강화하자는 개조파와 임시정부를 해소하고 새로운 정부를 세우자는 창조파의 대립으로 독립운동계는 분열했고, 그 여파로 임시정부의 위상은 크게 추락했다. 그래서 만주에서 활동하던 독립운동계의 원로 지도자로 신망이 높던 이상룡을 초대 국무령으로 선출했지만, 조각에 실패했다. 국무회의 구성원인 국무원이자 각료로 선임된 김동삼·김좌진·이탁 등이 사임했기 때문이다.

다시 양기탁을 국무령으로 선출했으나 취임하지 않았고, 또 다시 안창호를 국무령으로 선출했으나 그마저 사퇴하고 말았다. 1926년 7월 7일 홍진을 국무령에 선출해서야 겨우 내각을 구성할 수 있었다. 홍진 국무령 정부는 이렇게 어렵게 출범했지만, 12월 9일 그와 국무원 일동이 사임했다. 전민족이 대동단결한 정당, 곧 민족유일당을 만들어 독립운동 세력을 통일하겠다는 이유에서였다. 1924년 중국의 제1차 국공합작의 영향으로 민족대당을 결성하여 나라와 정부를 운영한다는 '이당치국(以黨治國)'론이 대두하면서 발의된 민족유일당운동이 본격화한 것이다.

이렇게 되자 홍진의 후임으로 김구를 국무령으로 선출하여 내각을 새로 구성했다. 김구는 민족유일당운동의 광풍 속에서 임시정부를 지키기 위한 대책을 마련했다. 국무위원의 집단지도체제로 권력구조를 개편하여 난관

대한민국 임시정부 초대 국무령 이상룡

을 돌파하기로 한 것이다. 임시의정원은 심의 끝에 1927년 4월 11일 제3차 개헌으로 「대한민국 임시약헌」을 제정 반포했다.

제3차 개헌의 특징은 첫째, 정부수반을 없애고 회의체 집단지도체제인 국무위원회제로 개편한 것이다. 임시의정원에서 선출된 국무위원 5인 이상 11인 이하로 구성된 국무위원회가 의사결정기구이자 집행기관이었다. 국무위원회는 국무령을 대신해서 회의를 주관하는 주석 1인을 국무위원 중에서 선출했지만 특권 없이 다만 회의를 주관하는 위치였다.

둘째, 임시의정원이 임시정부의 최고 권력기구로 부상했다. "대한민국은 최고 권력이 임시의정원에 있음"(제2조), "임시의정원은 의원이나 정부의 제출한 일체 법과 예산 결산을 결의하며 국무위원과 국사(國使)를 임면하며 조약체결과 선전강화에 동의하되 총의원 과반수의 출석과 출석원

3분의 2의 찬동으로 함"(제11조), "임시의정원은 폐회 중 그 직권을 행사하기 위하여 7인으로 조직한 상임위원회를 둠"(제15조) 등의 조항에서 임시의정원은 국무위원회의 모든 결정을 추인하고 폐회 시는 상임위원회를 두어 그 동의를 얻게 했다.

셋째, "광복운동자의 대단결인 당(민족유일당)이 완성된 때에는 국가의 최고 권력이 이 당에 있음"(제2조)이라고 하여, 이당치국론과 민족유일당운동의 대의를 수용하고 있는 점이다.

요컨대 제3차 개헌을 통해 권력구조를 집단지도체제인 국무위원회제로 개편하고 임시의정원의 권력을 강화하여 의회중심주의를 채택한 사실은, 당시 민족유일당운동이 광범위하게 전개되는 독립운동계의 정세를 반영한 것으로 임시정부 유지를 위한 자구책이었다.

법치주의와 민주주의를 실현한 대한민국 임시의정원

3차 개헌으로 채택한 국무위원회제 집단지도체제는 여러 장점이 있었다. 국무위원회에서 그때그때 주요 사안을 결정하고 집행할 수 있었기 때문이다. 이뿐만 아니라 긴급한 사안에 대해서는 임시의정원의 상임위원회에서 사후에 추인을 받으면 되었기에 법치 절차가 간소했다. 다시 말하면 적은 인원으로도 임시정부를 운영하고 유지하며 시의적절한 정책을 추진할 수 있었다. 그래서 이봉창 의거와 윤봉길 의거와 같이 매우 중요하고 비밀을 요하는 의열투쟁을 결행하고, 장정(이동) 시기 적재적소에서 국정을 논의하고 운영할 수 있었다.

하지만 윤봉길 의거 이후 장정 시기를 거치면서 정세가 변화했다. 1937년 7월 중일전쟁이 발발하고, 1939년 9월 제2차 세계대전이 발생한 것이다. 중일전쟁과 제2차 세계대전이 전개되는 중에 미일전쟁이 예견되면서 대내외로부터 항일 역량의 결집이 요구되었다. 독립운동계 내부도 변화했다. 그동안 임시정부에 대해 불관(不關)주의 태도를 취해왔던 의열단이 민족대당운동을 전개하여 1935년 7월 민족혁명당을 결성했다. 강력한 임시정부의 야당이 탄생했고, 이들의 무장부대로 1938년 10월 조선의용대가 창설되었다.

통일의회를 구성한 제34회 임시의정원 의원 일동(1942년 10월)

이제 임시정부는 외부의 적인 일제와 싸우며 내부의 야당과 경쟁해야만 했다. 특히 항일 역량 결집을 요구하는 중국 국민당 정부의 종용은 피하기 어려웠다. 중국 국민당 정부에게서 전폭적인 경제적 지원을 받고 있었기 때문이다. 그래서 1939년 여름 기강(綦江)에서 좌우 독립운동 진영 7개 기관이 통일회의로 '7당회의'를 열었지만 견해 차이로 결렬되고 말았다.

이렇게 되자 우파 독립운동 정당이 먼저 통합을 이루었다. 1940년 5월 김구의 한국국민당, 조소앙의 한국독립당, 이청천의 조선혁명당이 통합하여 한국독립당을 결성했다. 임시정부의 유지와 운영을 위한 거대 여당이 탄생한 것이다. 나아가 임시정부는 중국 국민당 정부의 임시수도이자 전시 수도인 중경에서 9월 17일 한국광복군을 창설했다. 임시정부 수립 이래 고대하던 대한민국의 국군이자 임시정부의 무장부대가 편성된 것이다. 그리고 정세 변화에 발맞춰 10월 9일 제4차 개헌을 단행했다.

제4차 개헌은 임시정부의 위상을 강화하고 주석의 지도력을 확대하기 위한 것이다. 한마디로 '고정(固定) 주석제'와 주석의 권한을 강화하는 '원 포인트 개헌'이라 할 수 있다. 1927년 4월 제정한 「대한민국 임시약헌」을 개정한 새로운 「대한민국 임시약헌」 이른바 '신(新)약헌'은 제1장 총강, 제2장 임시의정원, 제3장 임시정부, 제4장 회계, 제5장 보칙 등 전문 5장 42개조로 이루어졌다. 핵심은 주석의 위상을 강화하여 주석제 내각을 구성하는 것이다. 주석은 그동안 국무위원회에서 호선(互選)하던 것을 고쳐 임시의정원에서 선거하여 3년 임기로 고정하고, 국군 통수를 비롯한 권한을 강화하면서 대내외로 임시정부를 대표하게 했다.

고정 주석제는 국무위원회제 집단지도체제를 바꿔 주석의 권한을 강화하여 정부의 실질적인 수반으로 격상하는 것이었다. 현실적으로는 김구 주석의 지도력을 제도화한 것으로 볼 수 있다. 국무위원회 주석으로 김구를 선출하여 정부를 대표하고 국군 통수권을 행사하게 하는 등 주석 중심의 지도체제를 성립했다.

한국독립당을 기반으로 이루어진 4차 개헌은 미진한 면이 많았다. 좌파 독립운동 세력이 배제되었기 때문이다. 임시정부의 야당이자 진보적 민족주의 세력인 좌파 정당까지 통합해야 진정한 독립운동 세력의 통일이 이루어지는 것이다. 당시 좌파 정당은 김원봉의 조선민족혁명당과 김성숙의 조선민족해방동맹과 유림의 조선혁명자연맹이 활동했고, 무장부대로 조선의용대를 운용하고 있었다. 이들 정당과 무력까지 통합해야 항일민족전선이 결집되고 임시정부의 위상과 역할이 강화되는 것은 말할 나위도 없었다.

더욱이 1941년 12월 8일 태평양전쟁이 발발하여 정세는 더욱 긴박하게 돌아가고 있었다. 중국 정부의 종용은 더욱 빗발치고 미주동포들까지 들고 일어나 독립운동 세력을 임시정부로 통합하자고 요구했다. 우선 군사부터 통일하고 이어 정치통일을 이루어나가기로 했다. 그래서 1942년 4월 조선의용대의 총대본부가 한국광복군 제1지대로 편입했고, 곧이어 10월 좌파 정치세력이 임시의정원에 참여하여 '통일의회'를 성립하면서 제5차 개헌이 추진되었다.

긴 논의 끝에 1944년 4월 22일 제5차 개헌으로 전문 7장 62개조의 「대한민국 임시헌장」을 통과시켰다. 그동안 군사통일과 의회통일 그리고 정치통일을 이루어 통일의회와 연합정부를 형성한 현실을 헌법 개정으로 반영한 것이다. 핵심은 좌파 정치세력의 임시정부 참여를 제도화하기 위한 개헌으로 주석과 부주석제의 채택 그리고 행정부의 권한 강화였다. 각 정파를 통합하여 거국내각을 형성하고 급변하는 전쟁 상황에 대응하기 위한 조치였다.

결국 대한민국 임시정부는 대의기관이자 입법기구인 임시의정원에 의해 탄생하고 통치되고 유지되었다. 임시의정원을 통해 민주공화제를 채택하고 민주적으로 운영하면서 법치를 구현하고, 더 나아가 제도뿐만 아니라 실제적으로도 민주주의를 실천했던 것이다.

재정정책을 통한
독립운동 자금 모집과 관리

독립운동도 근대의 민족운동이자 사회운동이다. 사회운동에는 이념과 주체와 조직이 필요하다. 사회운동으로서 독립운동은 빼앗긴 민족의 주권을 되찾아 근대 국민국가를 세운다는 운동 이념이 명확했다. 또 열렬한 독립운동가라는 운동 주체도 있었다. 그리고 대한민국 임시정부라는 '임시' 국가와 정부도 조직되었다. 그러나 이슬만 먹고 독립운동을 할 수 있는 것은 아니다. 투철한 정신도 필요하지만 독립운동의 물적 기반이 필요했다는 뜻이다. 그래서 임시정부는 국민개납(皆納)주의, 곧 모든 국민에게 납세의무를 부과했다.

「대한민국 임시헌장」은 제6조로 "대한민국의 인민은 교육과 납세와 병역의 의무가 유(有)함"이라고 해서 교육과 병역의 의무와 함께 납세의 의무를 명시했다. 이에 따라 임시정부가 재정정책에 관한 논의를 시작한 것은 임시국회인 대한민국 임시의정원 회의에서이다. 1919년 5월 2일 열린 제4회 임시의정원 회의는 임시정부의 재정정책에 대한 각 의원의 의견을 총괄하여 두 방향의 방침을 의결했다. 하나는 '영구유지 방침'으로 정부령으로 인구세를 시행하고 국내외에서 독립공채를 모집하는 것이고, 다른 하나는 당면한 임시정부의 재정을 충당하기 위해 '구급 의연금'을 의회 주관으로 상해 한인동포

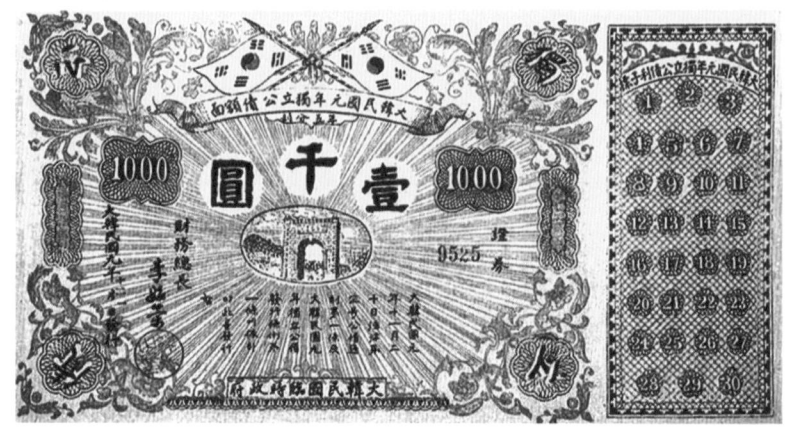
대한민국 임시정부 재무부가 발행한 독립공채

에게 모집하는 것이었다.

임시정부가 가장 중요하게 설정한 재정정책은 정액제의 인구세(人口稅)였다. 1919년 6월 15일 임시정부령 제3호로 '임시징세령'과 '인구세 시행세칙'을 제정, 공포한 것도 이 때문이다. '인민 부담의 균일과 정기'를 원칙으로 대한국민 만 20세 이상의 남녀 1인에게 금화 1원을 연 2회로 나누어 내도록 하는 것이 인구세로 일종의 인두세(人頭稅)이다. 납세 시기는 매년 6월 말과 11월 말로 정했다. 이 밖에도 임시정부는 국민이 자발적으로 의연하는 애국금과 국내외 동포들에게 발매하는 국채인 독립공채, 국민의 소득비례에 따른 임시소득세, 외국 차관을 주요한 재정정책으로 삼았다.

임시정부는 국민개납주의와 함께 조세 부과 및 재정 수입의 방침으로 조세법률주의를 채택했다. 그래서 9월 개정한 통합 임시정부의 임시헌법에서도 "조세를 새로이 부과하거나 세율을 변경할 시는 법률로 이를 정한다"고 하여 조세법률주의를 명시한 것이다.

안창호도 1920년 1월 '우리 국민이 결단코 실행할 6대사'라는 시정연설에서 장래의 재정정책으로 "독립운동 기간에는 남녀는 물론하고 1전, 2전씩이라

구미위원부에서 발행한 독립공채

도 다 내어야 할 것"이라며 국민개납주의를 주장했다. 임시정부의 기관지『독립신문』에서도 여러 차례 재정의 중요성과 성실한 납부를 당부하면서 "종금 이후로 우리에게 가장 중요한 사업은 국민개납주의의 실행"이라고 거듭 밝혔다.

임시정부는 국민개납주의와 함께 재정의 일원화정책도 시행했다. 국내 동포를 대상으로 하는 연통제와 국외 동포를 대상으로 하는 교민단제 등 지방자치제를 통한 내정통일책을 실시하면서 재무행정상 통일, 곧 재정의 일원화를 실시한 것이다.『독립신문』에서도 "모든 재력은 임시정부 재무부의 금고에 있어야 한다"고 하며 재정의 일원화를 강조했다.

당시 만주나 노령 및 미주 등지에 있는 독립운동단체들이 동포사회로부터 자금을 모아서 자치적으로 활동하고 있는 상황에서, 명목적이든 실질적이든 임시정부의 재무부가 재정을 통괄하겠다는 의지를 표현한 것이다. 이는 재정의 통일을 통한 독립운동 자금의 효율적 관리와 분배뿐만 아니라 민족의 대표기관으로서 임시정부의 위상을 확립할 수 있는 기반이기도 했다.

하지만 재정정책을 둘러싸고 분쟁도 있었다. 독립공채 발행 문제로 이승만과 임시정부의 갈등이 발생했기 때문이다. 발단이 된 것은 임정의정

재무총장 이시영

원이 1919년 7월 17일 이승만의 요구에 따라 독립공채 발행을 위임한 탓이다. 이승만은 임시의정원의 위임을 근거로 자신이 조직한 구미위원부를 통해서 9월 1일자로 독립공채증서를 발행했던 것이다. 그런데 통합 임시정부가 수립된 뒤 정부에서 인구세와 함께 독립공채를 발행하기로 하면서 독립공채 발행 및 재정사무 전담 문제가 생겨났다.

임시정부는 국내외 동포를 대상으로 '대한민국 원년 독립공채' 발행을 재무부가 관장하면서 구미위원부의 독립공채 발행을 중지하라고 명령했다. 구미위원부는 이승만의 외교활동에 대한 보좌기관에 불과하니 미주동포에 대한 권리 행사는 임시정부가 직접 한다고 나선 것이다. 더 나아가 이승만의 반대에도 1919년 12월 12일 인구세 징수와 애국금 모집을 미주 대한인국민회에 위임하고, 장래에는 주미재무관을 설치하여 재정을 처리하겠다는 최후 통첩을 보냈다. 이에 대해 이승만은 "죽음도 불사하고 진행"하며, "상해에 가도 (대통령) 취임식이라는 것은 안 하겠다"고 극력으로 저항했다.

결국 이승만의 고집으로 미주에서의 독립공채 발행과 재정 관할권은 구미위원부에 위탁하는 것으로 일단락되었다. 그 결과 이승만은 구미위원부를 통해 유력한 자금 공급지이던 미주의 재정권을 장악함으로써 임시정부에서 정치적 영향력을 강화할 수 있는 기반을 마련한 것이다. 하지만 반대급부도 컸다. 재정정책을 둘러싼 대립과 갈등은 이동휘 계열의 레닌 자금 전용 문제와 함께 임시정부 내 각 세력 간의 권력투쟁의 서막이자 파열음이었기 때문이다.

국내외 동포 통할을 위한 내정정책

"대한민국의 주권은 국민에게 있고, 모든 권력은 국민으로부터 나온다"고 「대한민국 헌법」 제1조 2항은 규정하고 있다. 나라의 주인은 국민이라는 뜻이다. 나라를 위해 국민이 존재하는 것이 아니라 국민을 위해 나라가 존재하는 것이다. 그래서 국민이 뽑는 대통령은 "국민의 생명과 재산을 보호하고 국토를 수호"할 사명을 짊어진다.

대한민국 임시정부도 국내외 동포, 즉 국민을 통괄하고 보호할 정책을 폈다. 이는 곧 임시정부의 내정정책으로서 주로 내무부가 주관했다. 내정에 관한 구체적인 시정방침은 1920년 3월 국무총리 이동휘가 밝혔다. 우선 내정의 목표는 국내외 국민을 통일하여 민족 전체의 행동일치를 도모한다는 데에 두었다. 이를 위해 국내에는 각 도와 각 군을 연락하는 기관을 시설하여 독립운동의 적극성을 조장하는 것이고, 국외에는 대소 단체를 자세히 조사하여 일치 규합하고 정부의 범위 내에서 행동하게 하는 것이었다.

임시정부는 수립 초기부터 국내외 동포를 통할하기 위한 내정정책을 펴고 있었다. 하나는 내무부에서 연통제를 실시하고, 다른 하나는 교통부에서 교통국을 설치하는 것이었다. 1919년 7월 국무원령 제1호로 발포한 '임시연통제'와 곧이어 8월 제2호로 발포한 '임시지방교통사무국장정'이

안태국 선생 장례식에 참석한 상해 대한교민들(1920년 4월 14일)

바로 그를 위한 정책이다.

연통제는 내무부 산하에 국내 지방행정기관을 설치하려는 계획이었다. 이를 위해 도 단위 감독부, 군 단위 총감부, 면 단위 사감부로 계선화하는 연통부를 만들었다. 내무부에서 특파원들을 파견하여 연통부 조직이 추진되었다. 특파원들을 국내 각지로 파견하여 각 행정조직의 책임자를 선정하고 임명장을 전달했다. 서울에 총감부를 비롯하여 평안도·함경도·황해도·경기도·충청도 일대에 연통부를 비밀리에 설치해나갔다. 강원도에서는 철원애국단 같은 비밀결사가 그 역할을 대행하기도 했다.

교통국은 국내와 통신 연락기관을 설치하는 것으로 교통부가 주관했다. 교통부 산하의 임시교통사무국은 국내는 물론 만주 지역에도 설치했는데, 관할 구역은 연통제에 따랐다. 특히 국내와의 왕래 거점인 중국 단동에 최초로 '임시단동교통사무국'을 설치했다. 단동에는 아일랜드인 조지 루이스 쇼

(George Lewis Shaw)가 경영하는 해운회사 이륭양행이 있었고, 배일사상이 투철한 쇼는 독립운동을 물심양면으로 도왔기 때문이다. 교통국은 국내 서울과 평안도·함경도·황해도 그리고 만주 관전현과 장백현에도 설치되었다.

요즈음과 달리 국외 동포에 대한 정책은 외무부가 아니라 내무부가 맡아 시행했다. 만주와 러령 연해주와 미주의 동포들은 교통이나 통신연락이 용이하지 못해 임시정부와의 연계가 쉽지 않았다. 그렇지만 임시정부는 이들을 통괄하고자 힘을 쏟았다. 국외 동포를 대한국민으로 인식한 때문이다. "외지에 거류하는 대한인에게 자치제를 실시하기 위하여 거류민단제를 공포"한다는 발포문이 이를 잘 말해준다. 국외동포들을 '식민지 조선인'이 아니라 대한민국의 국민인 '대한인'으로 파악하고 있는 것이다.

거류민단은 1920년 10월 내무부령 제7호로 '임시교민단제'를 시행함에 따라 명칭이 교민단으로 바뀌었다. 국외 동포정책은 상해 대한교민단처럼 임시정부의 관할 아래 모범적으로 운영되기도 했지만 상황은 녹록하지 않았다. 만주에는 이미 동포 조직들이 활동하고 있었기에 이를 추인하는 방식으로 가야 했다.

　북간도에서는 1920년 10월부터 대한국민회 관할 지역을 간북남부총판부, 북로군정서 관할 지역을 간북북부총판부로 삼았다. 그리고 대한국민회 회장 구춘선을 간북남부총판, 북로군정서 총재 서일을 간북북부총판으로 임명하여 교민단제를 운영하는 방식이다. 서간도의 경우에도 1920년 12월 서로군정서 관할 지역을 간서총판부로 하고 여준을 총판에 김형식을 부총판에 각각 임명했다. 러령 연해주도 1920년 3월 총판부를 설치하여 현지 유력자인 최재형을 총판, 김치보를 부총판에 선임하여 교민단제를 시행했지만, 4월참변으로 최재형이 피살되자 그마저 해소되고 말았다.

　미주 지역도 기존의 대한인국민회가 거류민단을 대신하도록 했는데, 1922년 3월 하와이대한교민단이 결성되자 상황이 바뀌었다. 대한인국민회중앙총회와 하와이지방총회의 분규 끝에 하와이대한교민단이 새로 발족했기 때문이다. 표면으로는 교민단제를 따른다고 했지만, 이면에는 안창호를 지지하는 대한인국민회와 이승만을 지지하는 하와이지방총회의 갈등으로 분립된 탓이다.

　결국 연통제와 거류민단제는 국내외 동포에 대한 통치행위를 구현하려는 목적에서 실시된 제도라는 점에서 동일한 맥락을 가진다. 각 단위로 설치된 연통부와 교통국 그리고 국외 동포사회에 조직된 교민단은 임시정부 선전, 법령 및 『독립신문』의 배포, 독립군 모집, 애국금 및 독립공채 수합은 물론 각종 정보 수집과 전달 등을 주요한 임무로 삼았다. 이로써 임시정부는 국내외 동포, 즉 국민들과 연계를 맺고 국민적 기반을 확보할 수 있게 되었던 것이다.

최재형

임시단동교통사무국을 지원한 아일랜드 상인 조지 루이스 쇼

무장독립운동의 의지를 구현해간 군사정책

대한민국 임시정부의 역할을 거론할 때 흔히 범하는 오해가 있다. 바로 임시정부가 열강에 대한 외교로만 민족독립을 추구했다는 인식이다. 이는 임시정부의 초대 대통령 이승만이 대표적인 외교 독립론자이고, 또 임시정부가 국제도시인 상해에 소재했기 때문에 발생한 오해이다.

수립 초기부터 임시정부를 어디에 둘 것인가를 둘러싼 논쟁이 있었다. 만주와 러령 지역의 무장 독립론자들은 국경 지역, 즉 만주나 연해주 지역에 둘 것을 주장했다. 그래야 독립군을 통솔하며 압록강과 두만강을 넘어 효율적으로 국내 진공작전을 펼 수 있다는 이유에서였다. 국제도시인 상해에 임시정부를 두어야 한다는 주장도 만만치 않았다. 우선 국경 지역인 만주와 연해주보다는 안전하고, 국내외 동포들과 소통하기 편하며 국제사회에 민족독립의 필요성을 선전하기 적합한 곳이라는 이유에서였다. 여기에 더하여 만주와 연해주와도 육로나 해로로 교통할 수 있기 때문이었다.

이보다 중요한 이유가 있었다. 대한민국 임시정부가 단순히 독립운동 총괄 지도기관으로만 성립한 것은 아니라는 사실이다. 독립운동 지도기관의 역할만 한다면 독립군이 활동하고 있던 국경 지역에 두는 것이 원칙이다. 하지만 임시정부는 우리 민족의 국가이자 정부로서 수립되었다. 우리 민족의 대표기관이자 주권기관이며 독립운동 지도기관이라는 자부심을 가졌다는 말이다. 그래서 국내외 동포들과 연락하며 통솔하고, 민족교육도 실시하고, 외교활동도 펴고, 독립군도 원격 지휘할 수 있는 곳을 골랐다. 그곳이 상해였다.

상해에 대한민국 임시정부가 수립되고, 각지의 임시정부를 결집해 통합 대한민국 임시정부가 성립되자 군사정책을 세워 본격적으로 군사활동에 들어갔다. 국무총리 이동휘와 군무총장 노백린이 중심이 되었다. 이들은 대한제국 육군무관학교 출신으로 군무에 밝았을 뿐만 아니라 육군 참령으로 복무해 실무에도 정통했기 때문이다.

무장투쟁론을 주장한 이동휘

임시정부는 기본적으로 국민 모두가 국방의 의무를 지닌 국민개병(皆兵)제의 원칙을 천명했다. 이는 1919년 4월 11일 공포된 「대한민국 임시헌장」 제6조에 "대한민국의 인민은 교육·납세·병역의 의무가 유함"이라는 조항으로 제시되어 있다. 1920년 1월 군무총장 노백린도 '군무부 포고' 제1호를 발포하여 "주저 말고 고려 말고 하루바삐 너도 나와 대한민국의 군인이 되며, 나도 나가 대한민국의 군인이 되어 2천만 남녀는 1인까지 조직적으로 통일적으로 광복군 되기를 단행할지어다"라고 하면서 2천만 동포들에게 모두 광복군이 되기를 요구했다.

임시정부의 군사정책도 국민개병제에 따라 국내외 동포들로 군대를 편성하여 독립전쟁을 전개한다는 것이 핵심이었다. 이를 위해 군대조직을 위한 법규를 마련하고, 간부 양성과 모병활동을 전개하며, 만주 지역의 독립군을 통할 지휘한다는 계획을 세웠다.

육군 주만 참의부 독립군

　　임시정부는 1919년 12월 '대한민국 육군임시군제' 등 세 가지 군사 관련 법령을 제정했다. 주요 내용은 군사정책에 대한 기본 원칙과 방향을 정립한 것이고, 병력을 모집하고 군사간부를 양성하기 위한 실행 방안이었다. 이 방침에 따라 1919년 말 상해에 육군무관학교를 설립했다. 육군무관학교는 임시정부의 육군사관학교였다. 육군무관학교는 군무부에서 설립하고, 운영했다. 청년들을 모집하여 군사훈련을 실시하여 1920년에 1기생으로 19명, 2기생으로 24명을 졸업시켰다. 이 밖에도 임시정부는 독립전쟁에 대비한 위생병 양성도 계획했는데, 이는 상해 대한적십자회가 주관했다. 대한적십자회는 1920년 1월 간호원양성소를 부설기관으로 개설하여 3개월 과정으로 13명의 남녀 간호병을 양성했다.

　　더욱이 임시정부는 비행사를 양성하여 공군을 창설하려고 했다. 비행사를 양성하는 일은 미국에서 추진되었다. 군무총장 노백린이 미주동포 김종림의 지원을 받아 샌프란시스코 인근 윌로우스에 비행사양성소를 설립했다. 김종림은 캘리포니아에서 광대한 토지에 쌀농사를 짓던 인물이었다. 그의 재정 지원을 받아 비행기를 마련하고, 한장호 등 한인 청년 10여 명에게 비행사 훈련을 실시했다. 비행사를 양성하여 공군을 창설하려던 것이다.

다른 한편으로 임시정부는 만주 지역에서 활동하고 있던 독립군과 연계하여 독립전쟁에 나서고자 했다. 독립군단을 임시정부 산하로 편제하기 위해 북간도 지역에 안정근·왕삼덕, 서간도 지역에 조상섭을 파견한 것도 이 때문이다. 그래서 서간도의 대표적 독립군단인 서로군정서와 북간도의 북로군정서가 임시정부를 봉대하며 군무부 산하로 편입되었다. 이 밖에도 서간도의 대한청년단연합회 의용대와 대한독립단 등을 통합하여 광복군총영을 조직하기도 했다.

심지어 임시정부는 군무부를 만주로 이전하려는 계획도 수립했다. 그러나 만주 지역의 독립군 세력이 1920년 봉오동 전투와 청산리 대첩에서 승리를 거둔 후 러시아 자유시로 이동했다가 참변을 당한 뒤에는 군사활동이 위축되었다.

그럼에도 대한민국 임시정부 육군 주만 참의부를 두고 남만주를 무대로 군사활동을 계속해나갔고, 중국 각지의 군관학교에 한인 청년들을 보내 무관 양성에도 힘썼다. 이를 바탕으로 대한민국 임시정부의 국군으로 한국광복군을 창설했으니 시종일관 군사활동, 곧 무장독립운동의 의지를 구현해간 것이다.

자주독립국가의 기반을 다지다

― 대한민국 임시정부의 다양한 활동 ―

민족독립과 정부 승인을 위한 외교활동

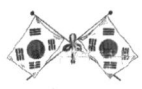

　상해 시기 대한민국 임시정부의 외교활동은 두 갈래로 진행되었다. 하나는 파리강화회의를 비롯한 국제회의에 한국의 독립을 호소하는 일이고, 다른 하나는 중국을 비롯한 여러 나라에 정부 승인을 얻는 일이었다.

　예나 지금이나 국제사회의 외교는 국력이 바탕을 이룬다. 군사력과 경제력과 문화 역량이 국력의 핵심이다. 임시정부는 글자 그대로 임시로 세운 국가요, 정부이기에 그러한 능력들을 제대로 갖추지 못했다. 힘의 논리로 작동되는 국제 외교 무대에서 임시정부의 처지가 눈에 보인다는 얘기다. 임시정부가 내세울 수 있는 힘은 거족적인 독립의지와 그 표출인 독립투쟁일 수밖에 없었다. 그래서 3·1운동 같은 거족적인 민족독립의 함성과 독립군의 무장항쟁 같은 실력투쟁이 필요했다.

　제1차 세계대전의 강화회의로 파리평화회의가 열린다는 소식이 알려지자 상해 신한청년당에서 김규식을 대표로 보내면서 다른 한편으로는 국내외에 밀사를 파견하여 거족적인 독립운동을 추진한 이유도 바로 여기 있다.

　임시정부는 수립 직후 파리위원부를 설치하고, 김규식을 외무총장이자 파리위원부 대표로 임명했다. 이미 신한청년당 대표로 1919년 3월 13일 파리에 도착해 샤토당가 38호에 한국민대표관을 설치하여 활동하던 김규식을 임시정부의 전권대표로 추인한 것이다. 이곳이 대한민국 임시정부의 구미외교 창구인 파리위원부가 되었다.

파리위원부는 선전활동에 주력했다. 파리강화회의 대표들에게 한국의 독립을 요구하는 공문 등을 보내 한국 문제에 대한 관심을 불러일으켰다. 예컨대 5월에 강화회의 의장 조르주 클레망소(Georges Clemenceau)를 비롯한 위원들과 각국 정부에 「공고서」 등 서한을 여러 차례 보냈다. 임시정부와 국내외 인사 명의로 된 「공고서」는 한국의 역사와 문화 등을 설명하고, 소위 '한일합방조약'의 폐지와 대한민국의 승인 등을 요구하는 20개 항목을 담고 있다.

1919년 6월에 끝난 파리강화회의는 전승국의 국익을 위해 개최된 회의로서 약소국들의 의견은 무시되었기에 파리위원부는 한국 문제에 대한 직접적 성과를 얻어내지 못했다. 하지만 한국의 독립 문제를 국제사회에 부각시키고, 한국에 대한 동정적인 여론을 형성하는 성과를 거두었다.

1921년 11월부터 1922년 2월까지 미국 워싱턴에서 태평양회의가 열렸다. 제1차 세계대전 이후 열강 사이의 군비경쟁을 조정하고 그에 따른 경제적 부담도 축소하자는 목적이었다. 한국을 비롯한 태평양 연안의 약소국가들은 이 회의에 민족독립에 대한 열망을 표출했다.

임시정부는 태평양회의에 한국 문제를 상정하기 위해 외교후원회를 결성하여 기관지를 발행하고, 이승만을 전권대표 서재필을 부대표로 임명하여 외교적 노력을 다했다. 이러한 활동에도 회의에서는 한국 문제가 논의되지 않았다. 열강이 한국을 국제법상의 지위나 외교관계가 없는 나라로 간주하고, 일본의 반발을 초래할 수 있다는 우려로 상정하지 않았기 때문이다. 임시정부는 태평양회의에서 기대한 성과를 거두지 못했지만 이를 통해 한국독립의 열망을 국제사회에 널리 알렸다.

다른 한편으로 임시정부는 중국 정부의 승인을 얻기 위한 외교적 노

파리강화회의 파견대표 김규식

대한민국 임시정부 파리위원부 대표단

손문

력도 게을리하지 않았다. 임시정부의 소재지가 상해였기에 어느 나라보다 중국 정부의 양해와 협조가 필요했기 때문이다. 마침 손문(孫文)을 수반으로 하는 호법 정부가 광동에 세워지자, 1921년 10월 외무총장 신규식이 손문을 방문해 국서를 봉정하고, 임시정부의 승인을 요청했다. 이 자리에서 임시정부와 호법 정부는 서로 상대 정부를 승인했다.

하지만 임시정부에 대한 승인 효과는 지속되지 못했다. 1925년 손문이 사망한 뒤 1927년 국민당 정부가 수립되었지만, 일본의 견제로 임시정부에 대해 소극적인 정책으로 일관했기 때문이다. 임시정부와 중국 국민당 정부의 긴밀한 협조는 1932년 한인애국단의 이봉창과 윤봉길 의거 이후 비로소 가능해졌다.

러시아에 대한 외교는 임시정부가 연해주의 대한국민의회와 통합정부를 구성한 뒤 본격화되었다. 특히 약소민족에 대한 러시아의 관심과 지원을 기대한 사회주의 독립운동 세력이 적극적이었다. 국무총리 이동휘는 박진순과 한형권을 대표로 러시아에 파견하여 레닌에게 임시정부의 승인과 독립운동 자금 지원을 요청했다. 레닌은 임시정부를 승인하고 200만 루블의 자금 지원을 약속한 뒤 우선 60만 루블을 지원했다. 하지만 이 자금은 이동휘 계열이 독점하다가 분란이 일어났고, 레닌마저 1924년 사망함에 따라 임시정부와 러시아는 외교관계를 유지하지 못했다.

대미외교는 미국 워싱턴에 설치된 구미위원부가 맡았다. 1919년 5월 이승만은 한성정부의 집정관총재 자격으로 워싱턴에 사무소를 설치해 대미외교를 수행했다. 그러다가 9월 통합 임시정부의 대통령으로 선임되자 파리위원부와 필라델피아에 설치한 대한민국통신부를 통합하여 구미위원부를 조직했다. 구미위원부는 미국 정부로부터 임시정부의 승인을 받기 위해 힘을 쏟았다. 또한 미국 전역에 한국친우회의 조직을 주도하여 19개 지부를 설립하는 성과를 올렸다. 나아가 1920년 3월 미국 상원에 '한국독립 동정안'이 상정되도록 노력을 다했다.

레닌

온갖 고난 속에 진행된 상해 시기 임시정부의 외교활동은 한국의 독립 문제를 국제사회에 크게 부각시켰다. 그리고 이는 임시정부가 '한국의 자유 독립'을 국제적으로 확약받은 1943년 11월 카이로선언을 이끌어내는 밑바탕이 되었다.

임시정부의 기관지 『독립신문』의 발행

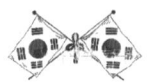

언론활동의 중심은 『독립신문』의 발행이다. 근대 국가는 민주국가이기에 국민의 여론, 즉 민의에 따라 움직인다. 대한민국 임시정부도 국민주권주의에 입각한 민주국가이기에 국내외 동포들의 동향에 민감할 수밖에 없었다. 그래서 임시정부를 비롯한 독립운동계의 활동상을 널리 알리고, 국제정세는 물론 국내외 동포들의 소식을 전할 언론기관이 필요했다. 임시정부가 기관지로 『독립신문』을 발행한 이유가 바로 여기 있다.

3·1운동이 거족적으로 전개되는 과정에서 국내외에서 전단지 또는 격문 형식의 『독립신문』이 산발적으로 발간되었다. 특히 상해에서는 3월 28일자로 『獨立新報(독립신보)』라는 등사판 신문이 창간되었다. 김홍서가 주필이었고, 백남칠과 김성근 등이 합력하여 4월 11일자 제10호까지 발행했다. 상해에서 『독립신문』 발간에 관심을 보인 것은 3·1운동의 소식과 한국 독립의 당위성 그리고 일제의 만행을 국내외 동포는 물론 국제사회에 널리 알리기 위해서였다.

『독립신문』 발행을 통한 홍보와 선전의 필요성은 임시정부가 수립된 이후에도 지속적으로 강조되었다. 특히 내무총장 안창호는 『독립신문』의 발간에 힘을 쏟았다. 한말 미주에서 안창호는 1905년 공립협회를 조직하고 『공립신보』를 발간한 경험을 가지고 있었다. 그래서 안창호의 발의와 김석황·이유필·조동호 등의 노력으로 『독립신문』의 창간이 이루어졌다. 안창호와 측근들의 자금 부담과 미주 대한인국민회의 재정 지원이 있어 가능했던 것이다.

임시정부의 기관지는 드디어 1919년 8월 21일 『獨立(독립)』이라는 이름으로 창간되었다. 이어 『獨立新聞』 또는 『독립신문』으로 이름을 바꾸어 1926년 말까지 총 198호를 발행했다. 나아가 1922년 7월부터는 중문판 『독립신문』도 발행했다. 처음 『독립신문』은 임시정부의 직접적인 통제를 받는 부속기관으로 설립된 것은 아니지만, 임시정부의 기관지 역할을 하고 관계자들도 임시정부의 관직을 맡기도 했다.

1919년부터 1921년까지 안창호와 그의 측근 인사들이 『독립신문』의 발행을 주도한 시기는 임시정부 보조금과 개인 의연금이나 미주 교민단체 지원금 등으로 재정을 충당했다. 발행부수는 일시적으로 1만 부 정도를 발행한 경우도 있었으나, 통상 2,000부 내외가 발행되었다. 초기에는 1주에 3회 발행하고 1920년 중반 이후에는 주 2회 발행했으나, 재정상의 이유로 신문을 발간하지 못한 경우도 종종 있었다.

1921년부터 1924년까지 김승학이 주도한 시기에는 중문판으로도 『독립신문』을 발행하고, 만성적인 재정난을 타개하기 위해 자금 확보에 진력했다. 만주 지역에서 활동했던 김승학은 남만주 독립군단체인 대한통의부의 재정 지원을 받으며, 『독립신문』 국한문판 70여 호와 중문판 40여 호를 발행했다. 1925년부터 1926년까지 2년 동안에는 20호도 발간하지 못한 침체기였다. 재정난으로 발행책임자도 자주 바뀌었다. 여러 차례 이름과 발행자가 변경되기도 했지만, 『독립신문』은 기본적으로 임시정부의 기관지 기능을 버리지 않았다.

『독립신문』은 창간사에서 5가지의 사명을 내걸었다. 사상 고취와 민

「독립신문」 창간호(1919년 8월 21일)

심 통일, 사업과 사상의 전파, 여론 환기, 신사상 소개, 그리고 국사와 국민성의 고취와 신국민 창조 노력이 그것이다. 이들의 사명이 민족독립과 조국광복에 있음은 말할 나위도 없다.

『독립신문』이 국한문판으로 간행된 것은 국내외 동포들을 독자층으로 삼았기 때문이다. 상해 동포들은 물론 만주와 러령 그리고 미주 동포들에게도 『독립신문』이 배포되었다. 국내는 내무부 산하의 행정조직망인 연통부와 교통부 산하의 정보 연락망인 임시교통국을 중심으로 전파되었고, 국내특파원이나 선전대원의 파견을 통해 비밀리 전달되기도 했다.

『독립신문』은 대체적인 형태도 현재의 신문처럼 구성되었다. 요즈음 신문이 정치면·사회면·경제면·문화면 등으로 짜여 있듯이 『독립신문』도 주로 1면에는 사설과 국제정세, 2면에는 임시정부 소식, 3면에는 만주와 러령 연해주 등 독립운동계 소식, 4면에는 본국(국내) 소식과 문예 등으로 꾸며졌다.

특히 『독립신문』에는 대한군정서(북로군정서) 총재 서일의 청산리 대첩 전과 보고 등 만주 독립군의 승전보, 김익상의 상해 황포탄(黃浦灘) 의거나 김지섭의 도쿄 일왕궁 투탄 기사 등 의열투쟁 소식이 바로바로 보도되었다. 그리고 국내의 학생운동이나 농민운동·노동운동·여성운동 등 각계각층의 항일투쟁은 물론 만주 독립군단의 활약상, 「한국독립운동의 진상」이나 「아령실기(俄領實記)」 등 독립운동의 역사, 「태극기」 등 애국시와 「피눈물」 등 항일소설이 연재되어 큰 감동을 주었다.

결국 임시정부는 『독립신문』을 통해 국내외 동포들에게 줄기찬 항일투쟁의 소식을 널리 알려 독립운동에 대한 국민적 지지와 성원을 획득하고, 더 나아가 민족의식을 고취하여 민족독립의 꿈과 희망을 잃지 않게 했던 것이다.

역사를 바로세운 『한일관계사료집』 발간

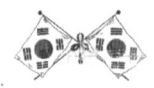

역사 편찬의 이유 가운데 하나는 과거의 사실을 현재나 미래의 교훈으로 삼기 위한 것이다. 그래서 역사는 과거로부터 미래를 비추는 빛이자, 현재의 자기를 이해할 수 있는 거울이다. 현재의 자기를 인식하는 잣대로, 바람직한 미래를 지향하는 가늠자로 역사는 반드시 필요하다는 말이다.

단재 신채호는 역사의 중요성을 "유사유국(有史有國)이요, 무사무국(無史無國)"이라고 했다. 한마디로 "역사가 있으면 나라가 있고, 역사가 없으면 나라도 없다"는 것이다. 1908년 5월 25일자 『대한협회회보』 제2호에 실은 「역사와 애국심의 관계」라는 글에서 신채호는, "역사가 없으면 반드시 나라를 잃게 되니, 지금까지 존재하며 지금까지 강대한 나라는 모두 역사가 있는 나라"라고 갈파했다.

서양 사람들도 같은 생각이었다. 제2차 세계대전을 승리로 이끈 윈스턴 처칠(Winston Churchill)도 회고록에서 "역사를 잊은 나라에는 미래가 없다"고 말했다. 여기에 더하여 고난의 역사를 잊은 민족에게는 오직 절망만 있을 뿐이다. 대한민국 임시정부도 국가이자 국내외 동포들과 함께 새로운 역사를 만들어가는 정부였다. 그래서 임시정부의 수립 이유와 당위성, 나아가 임시정부 수립 전후 국내외 동포들과 함께 만들어온 역사를 기

임시사료편찬회 위원들

록할 필요가 있었다. 바로 임시정부가 1919년 7월 7일 임시사료편찬회를 설치한 이유이다.

더욱이 파리강화회의가 1919년 6월 말로 끝나면서 국제연맹의 창설이 진행되고 있었다. 그래서 여기에 제출할 대한민국 임시정부의 역사가 필요했다. 임시정부를 국제연맹 회의에서 공인받기 위해 고대로부터 현재까지 한일관계사를 정리하여 제출할 시급한 이유가 생긴 것이다.

임시사료편찬회 설치는 내무총장으로 취임하여 국무총리를 대행하던 안창호가 주도했다. 총재는 안창호, 실무는 이광수, 간사는 김홍서, 위원으로는 김병조·이원익 등 8인, 조역으로는 김석황과 김명제 등 22인이 참여했다. 이 33인의 위원들이 10월 열릴 예정인 국제연맹 회의에 제출하기 위해 서둘러 만든 역사서가 『한일관계사료집』이다.

1919년 7월 초순부터 활동을 시작한 임시사료편찬회는 8월 하순에

『한일관계사료집』 편찬 작업을 마무리했다. 시간이 부족하여 활판 인쇄를 못하고 여러 명의 위원들이 직접 손으로 써 9월 23일 100질을 등사했다. 집필부터 등사까지 불과 80여 일 만에 완성된 셈이다.

『한일관계사료집』은 4부 739쪽으로 구성되어 있다. 제1부는 고대 삼국시대부터 경술국치에 이르기까지의 한일관계사를 기록했다. 제2부는 한국민족과 일본 민족의 서로 다른 역사와 문화 차이를 통해 '병탄(倂呑)'불가론을 주장했다. 제3부는 경술국치 이후 1919년 2월에 이르는 일제의 식민지 지배정책, 제4부는 3·1독립운동을 기술했다.

제1부는 고대부터 경술국치에 이르는 한일한계사를 최초로 정리한 것이다. 우리나라가 고대부터 일본에 문화를 전파한 사실을 자세히 기술하는 한편, 광무(고종)황제 즉위 이후 경술국치로 이어지는 일제의 침략 과정을 폭로했다. 이로써 문화 전파의 은인을 배반하고 침략을 자행한 일본의 부도덕성을 드러내며 우리나라의 문화적 우수성을 강조한 것이다.

제2부는 우리나라가 일본에 병탄되거나 지배를 받아서는 안 되는 이유를 역사와 문화적으로 규명했다. 한·일 두 민족은 국민성이 다르고 우리 민족은 일본인들을 경멸하며 원한을 지녀왔을 뿐만 아니라 산업과 문화 면에서도 절대로 일본에 병탄될 수 없는 이유를 실증적인 사례를 통해 주장한 것이다.

제3부는 경술국치 이후 3·1독립운동 봉기 직전까지 일제 식민지 수탈과 탄압의 실상을 구체적 자료를 근거로 기록한 보고서이다. 임시정부 관계자들이 직접 보고 경험한 사실과 실증적 자료를 통해 일제 식민통치의 잔학상을 고발하고 있다. 일제의 교묘한 선전으로 국제사회에서 식민통치의 실상이 크게 왜곡된 상황을 개관적인 자료로 낱낱이 반박한 것이다.

제4부는 3·1독립운동의 원인과 경과 그리고 결과를 총망라한 것이다. 부록 형식으로「독립운동일람표」를 정리 제시했다. 이는 3·1독립운동에

대한 최초의 통계로 임시정부의 역사 편찬을 주도한 박은식의 『한국독립운동지혈사』, 김병조의 『한국독립운동사』 저술에도 기본 자료로 인용되었다.

임시사료편찬회는 『한일관계사료집』의 완성과 함께 해산되었지만, 임시정부의 사료 조사와 편찬사업은 계속되었다. 1919년 9월 2일 개최된 임시 국무회의에서 국무원에 조사과를 설치하여 사료 조사와 선전 자료를 편찬하도록 결의하면서 역사 편찬 업무는 국무원이 맡았다. 그리하여 임시정

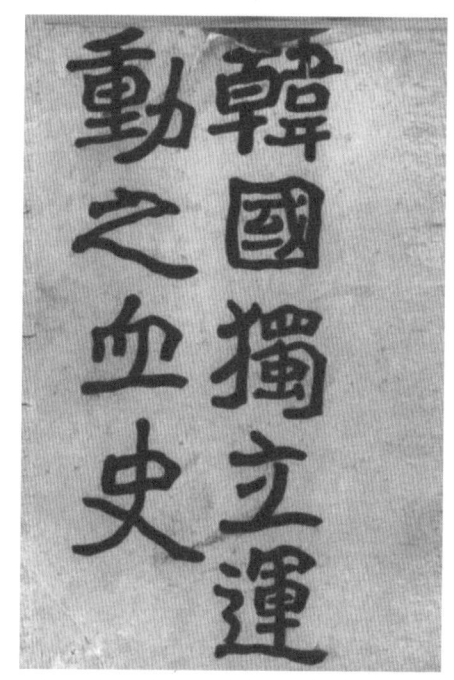

『한국독립운동지혈사』 표지

부의 기관지 『독립신문』에 「한국독립운동사」와 「독립운동일지」가 지속적으로 연재되어 국내외 동포들에게 큰 힘을 주었다.

특히 1915년 『한국통사』를 편찬한 백암 박은식이 1920년 『한국독립운동지혈사』를 간행했다. 일제 침략의 아픈 역사, 즉 '통사(痛史)'와 함께 여기에 격렬하게 저항한 피 끓는 역사, 곧 '혈사(血史)'가 탄생함으로써, 독립운동 내내 조국광복의 빛과 등불이 된 것이다.

민족혼 고취를 위한 교육활동

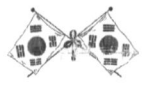

교육은 국가의 백년지대계이다. 임시정부도 이를 잘 알고 있었다. 그래서 1919년 4월 11일 공포한 「대한민국 임시헌장」 제6조로 납세와 병역의 의무와 함께 교육의 의무를 명시했다. 특히 1930년 독립운동 이념으로 삼균주의를 채택하면서 정치와 경제적 권리의 균등과 함께 교육받을 권리의 균등을 내세웠다. 곧 교육을 의무이자 권리로 규정한 것이다.

1941년 11월 28일 공포한 「대한민국 건국강령」에서도 "헌법상 교육의 기본원칙은 국민 각개의 과학적 지식을 보편적으로 균등화하기 위하여 다음과 같은 교육정책을 추진한다"고 거듭 언급했다. "6세부터 12세까지의 초등 기본교육과 12세 이상의 고등 기본교육에 관한 일체 비용은 국가가 부담하고 의무로 시행케 함"이라고 구체적으로 박아놓았다. 교육의 의무와 권리를 초등교육만이 아니라 고등교육까지 확대하고 면비수학, 곧 수업료의 국가 부담을 명문화했다.

초등학교 무료급식조차 논란이 되고, 더 나아가 사회적 갈등을 일으켰던 근간의 상황을 보면 임시정부가 지향한 교육정책이 어찌나 혜안인지 감탄할 수밖에 없다. 우리가 대한민국 임시정부의 법통을 계승한다고 하고 있지만, 얼마나 그에 대해 무지한지 알려주는 사례이기도 하다.

교육정책은 학무부에서 맡았다. 임시정부는 1919년 11월 5일 「대한민국 임시관제」를 공포하면서 정부조직을 개정하여 학무부를 신설했다. 학무부의 장은 학무총장으로 교육과 학예에 관한 일체 사무를 통할했고, 초대 학무총장에는 김규식이 임명되었다. 당시 임시정부를 이끌던 안창호도 1920년 신년 연설 '우리 국민이 단정코 실행할 6대사'에서 교육의 중요성을 언급했다.

> 독립운동 기간에 우리는 교육을 힘씀이 마땅할까요, 나는 단언하오. 독립운동 기간일수록 더 교육에 힘써야 한다고. 죽고살고 노예되고 독립됨이 판정되는 것은 지력(知力)과 금력(金力)으로요. 우리는 아무리 하여도 이 약속을 벗어나지 못하오. 우리 청년이 하루 동안 학업을 폐하면 그만큼 국가에 해가 되는 것이요. 본국에는 아직 우리의 힘으로 교육을 실시하지 못하지마는 기회 있는 대로 공부를 해야 되고 시켜야 되오. 독립을 위하여 공부를 게을리하지 않는 이야말로 독립의 정신을 잃지 아니하오. 국가를 위하여 독립을 위하여 시간 있는 대로 힘써 공부하시오. 또 국민에게 좋은 지식과 사상을 주고 애국의 정신을 격발하기 위하여 좋은 서적을 많이 간행하여 이 시기에 적합한 특수한 교육도 하여야 하고 학교도 세우고 교과서도 편찬하여 해외의 대한(大韓)아동에게도 가급적 교육을 실시하여야 하오.

국무총리 이동휘도 같은 해 3월 임시의정원 회의에서 "독립운동을 진행하는 간에도 가급적으로 교육에 진력하기 위하여 그 방침은 의무교육을 실시하며 교과서를 편찬하며 기타의 제도를 준비"해야 한다면서 의무교육과 교과서 편찬 등을 시정 방침의 하나로 내세웠다.

임시정부의 공립학교는 인성학교이다. 상해에는 동포 자제를 위한 교육기관이 임시정부 수립 이전에 설립되어 있었다. 인성학교는 1917년 상

상해 인성학교 소개 엽서

해에 살던 한인동포들이 세운 초등학교였다. 한인동포들은 상해 교민단을 조직하여 인성학교를 운영했는데, 임시정부가 이를 추인하여 공립학교가 된 것이다.

임시정부의 공립학교 인성학교는 상해 대한교민단이 맡아 1935년까지 운영했다. 초대교장 여운형을 비롯하여 손정도와 안창호 등 12명의 교장과 60여 명의 교사가 교편을 잡았다. 교직원들은 중국인들도 있었지만, 주로 임시정부와 임시의정원 그리고 교민단에서 일하던 독립운동가들이었다. 학생수는 임시정부 수립 이전에는 10명 미만이었지만, 이후에는 40~50명에 달했다. 인성학교의 교육은 민족혼을 심어줄 국어와 국사와 본국지리에 치중했고, 그 밖에 한문·산술·이과 그리고 3~4학년부터 중국어와 영어를 가르쳤다.

상해에는 중등 과정으로 3·1중학도 있었다. 인성학교 졸업생의 진학과 중국에 유학 온 동포 학생들을 위하여 중등 과정으로 열었던 것이다. 임시정부의 공립중학인 3·1중학교는 학무총장을 역임한 김규식이 교장이고, 교사로는 한국인 5명과 중국인 등 외국인도 여러 명이 있었다. 3·1중학의 학제는 초급 3년, 고급 2년의 5년제로 운영되었으며, 학생수는 100명 정도였다.

상해 인성학교 정교(잠정 폐교) 기념(1935년 11월 11일)

　　인성학교는 교과 수업만이 아니라 신체 단련과 덕성 함양을 위해 해마다 춘계운동회를 개최했다. 4월 초순에 개최되는 이 운동회는 3·1절 못지 않은 명절이었고 인성학교 학생들만의 행사가 아니라 상해에 사는 한인동포들의 잔칫날이기도 했다. 더욱이 3·1절이나 8·29국치일 또는 음력10·3개국기원절(개천절)이 되면 한인동포들은 인성학교에서 기념식을 가졌다. 이날은 단순한 기념행사가 아니고 민족의식과 항일의식을 되새기는 날이기도 했다. 인성학교 학생들은 태극기를 높이 걸고 애국가를 합창했고, 애국적 사건이나 항일투쟁의 내용을 연극으로 만들어 공연하기도 했다.
　　결국 인성학교를 비롯한 임시정부의 공립학교는 동포 자제를 가르치는 교육기관이자 한인 동포들의 문화마당이고, 민족혼을 고취하며 독립의지를 다지는 결속의 광장이었던 것이다.

3·1운동의 불꽃을 되살린 임시정부 특파원

국가와 정부를 운영하다 보면, 특별한 사명을 띤 특사나 특파원을 파견한다. 요즈음 '대북특사' 또는 '대미특사' 파견이나, 역사에서 유명한 '헤이그특사' 파견이 바로 그러한 예이다. 대한민국 임시정부는 국가로서 일반적인 일과 함께 '독립운동'이라는 특별한 일을 해야 했다. 그것도 일제의 감시와 탄압이라는 엄혹한 상황에서 전개해야 하는 고단한 일이었다. 특사 혹은 특파원 파견이 잦을 수밖에 없던 이유이다.

임시정부는 특파원 통신원 공채모집위원 선전원 등 여러 이름의 특사 혹은 밀사들을 끊임없이 국내에 파견했다. 만주 독립군단을 비롯한 여러 독립운동단체들 또한 수시로 밀사들을 파견하여 국내와 연계활동을 모색하고 군자금을 조달했다. 이들 역시 국내에 들어와서는 자신들의 소속보다는 임시정부를 빙자하는 경우가 많았다. 그만큼 임시정부가 독립운동의 상징적 존재로서 각인되어 있었고, 국내외 동포들에게 지지와 성원을 받았다는 증좌다.

임시정부 국내 특파원은 그 명칭에서 드러나듯이 '무엇인가 특별한 임무'를 띠고 국내에 파견되는 인물이다. 그 임무는 1920년 12월 상해에 도착한 임시대통령 이승만에게 이동녕 내무총장이 보고한 「내무부경과상황

보고서」에 잘 드러나 있다. 이동녕은, "연통제 시설, 선전과 시위운동, 국내외 종교단체와 유력자 연락. 이 3항을 실시하기 위하여 원년(1919) 7월부터 특파원을 연달아 파견했다"고 보고했다. 곧 ① 국내 통치조직으로서 연통제 구축, ② 임시정부 선전과 만세시위운동 추진, ③ 종교 및 독립운동단체 유력자와의 연락이 바로 특파원의 사명인 것이다.

특파원 파견은 도산 안창호에 의해 이루어졌다. 그것은 안창호가 상해 임시정부 내무총장으로 취임한 직후인 1919년 7월 16일부터 특파원 파견이 시작된 사실에서도 잘 알 수 있다. 안창호에 의해 7월부터 국내로 파견된 특파원의 주요 임무는 '선전과 시위운동'이었다. 국내 동포들에게 상해 임시정부의 수립 사실을 널리 알리고, 다른 한편으로는 소강상태로 접어든 3·1운동의 불길을 되살리려는 것이다.

3·1운동은 6월 이후 꺼져가고 있었다. 종교계 민족대표와 학생대표에 의해 봉기한 3·1운동은 초기 종교와 학생 조직에 의해 전파되어 전국적으로 확산되었다. 4월 초부터는 농민과 노동자 등 민족 대중이 자발적으로 참여해 거족적인 항일 독립운동으로 발전했다. 일제는 3·1운동의 불길을 잡기 위해 헌병경찰을 동원하여 가혹한 탄압을 자행하는 한편, 4월 15일 「조선소요처벌령」을 반포하여 즉일 시행했다.

3·1운동 참가자는 「보안법」과 「출판법」을 적용하여 최대 3년형으로 처벌했지만, 이제부터는 「조선소요처벌령」을 적용하여 최대 10년까지 처벌할 수 있게 했다. 나아가 조선 주둔 일본군까지 동원하여 만세시위운동을 탄압했다. 이 같은 상황 변화로 3·1운동 주도자들이 대거 체포됨에 따라 5월부터 만세시위운동이 잦아들고 있었다.

안창호를 비롯한 임시정부 지도자들은 이를 두고 볼 수 없었다. 꺼져가는 민족독립의 불꽃을 되살려 다시 한번 대대적인 만세시위운동을 펼 계획을 짰다. 바로 제2차 독립 만세시위운동 계획이다. 지금까지 3·1운동은 종교계 민족지도자들이 주도했다면, 이제부터는 새로 수립된 임시정부가 주도할 의지를 표출한 것이다. 그래서 8월 25일부터 특파원의 파견 목적을 '선전과 시위운동'에서 '시위운동에 관한 준비와 실행'으로 바꿨다.

왜 '시위운동'이 아니라 '시위운동에 관한 준비와 실행'인가. 9월이 되면 더 구체화되어 '제2차 독립운동대 조직을 위함'과 '제2차 독립운동 준비와 실행'과 '제2차 시위운동 준비와 실행'이 목적이 된다. 10월이 되면 아예 '천도교회와 광복사업에 관한 제반 사항을 협의하기 위함'이라고 그 대상과 목적이 더욱 구체적으로 명시된다. 이는 안창호를 비롯한 임시정부 지도부가 새로운 만세시위운동을 계획하고 추진한 사실을 말해준다. 바로 10월 31일로 예정된 다이쇼(大正) 일왕의 천장절, 곧 탄생기념일 행사를 기해 국내에서 대대적으로 전개하려던 제2차 독립 만세시위운동을 실행한 것이다.

"제2회 독립 대시위운동은 이미 수개월 전부터 계획을 세우고, 시기를 기다리던 바 지난 10월 31일 일본 천장절을 기하여 일거에 적의 심장을 서늘케 하려고 착착 준비 중"이라는 『독립신문』 1919년 11월 11일자 기사가 잘 알려준다. 이날 발표할 선언서도 만들었는데, 바로 박은식을 비롯한 30명의 대한민족대표 명의로 된 것이다.

"우리 민족은 대한민국의 국민이요 우리 민족을 통치하는 자는 대한민국의 임시정부니 우리 민족은 영원히 다시 일본의 지배를 받지 아니할지라"고 다시 한번 독립을 선언했다. 곧 우리 민족은 새로 수립한 대한민국의 국민이고, 우리 국민의 정부가 임시정부임을 명확하게 천명하면서 일제의 식민 지배를 영원히 거부한 것이다.

드디어 제2차 독립 만세시위운동은 10월 31일 천장절을 전후하여 국내외에서 대대적으로 발생했다. 상해에서는 10월 31일 대한민족대표의 선언서가 발표되었다. 서울에서는 10월 27일 「남녀학생에게」와 「적의 관공리된 동포에게」라는 임시정부 포고문이 살포되고, 다음 날 학생 약 800여

제2 독립 만세시위운동을 보도한 「독립신문」 기사(1919년 11월 11일)

    명이 동맹휴학을 결행하며 시위운동을 일으켜 11월 초까지 산발적으로 이어졌다. 평양에서는 10월 30일부터 11월 4일까지 시위운동이 지속적으로 전개되었다.

    특히 디데이인 10월 31일 평양 장대현교회에서는 결혼식으로 위장하여 군중을 모은 뒤, 선언서와 태극기를 나누어주며 만세시위운동을 펼친 것이다. 엿새 동안 계속된 평양 시위운동에는 학생과 시민과 청년단원 그리고 임시정부 특파원 등 3,000여 명이 참여했다. 임시정부 기치 아래 다시 한번 하나가 되어 독립을 외쳤으며, 이로써 임시정부는 독립운동의 중심기관으로 우리 민족의 뇌리에 각인되었다.

자주독립국가의 기반을 다지다 **81**

대동단결과 민족전선 통일을 위해 힘쓰다

— 임시정부의 민족진영 통일과 통합 노력 —

민족통일운동의 역사적 자산
국민대표회의

한국독립운동의 최대 덕목은 대동단결이었다. 그것은 3·1독립운동의 정신이자 가장 강력한 항일전선의 구축 방략으로 독립운동 시기 줄기차게 추구되었다. 어떤 이는 '대동단결'이라 하고, 어떤 이는 '민족통일전선'이라 했지만, 이는 독립운동 세력 누구나 가졌던 공통 언어이자 목표였다. 초기 '통합 임시정부' 형성으로 구현되었던 대동단결 노선은 1920년대 초반 국민대표회의 소집 문제로 재차 표출되었다. 봉오동·청산리 대첩과 경신참변을 겪으면서 독립운동 세력의 통일과 무장투쟁 전략이 요구되었기 때문이다. 임시정부도 독립전쟁 전략을 내세우며 민족대당 결성을 제의해놓고 있던 참이다.

특히 임시대통령 이승만의 상해 부임과 이임은 대동단결의 문제를 더욱 촉발했다. 대통령 선출 이후 1920년 12월 처음으로 임지인 상해로 부임한 이승만은 독립운동계의 기대를 충족하지 못했다. 청산리 대첩과 경신참변 이후 고조된 절대독립과 무장투쟁 노선이 그의 전력과 독립운동 노선과 충돌했기 때문이다. 이승만은 무장투쟁 노선에 반대하여 외교독립운동 노선을 견지함은 물론, 3·1독립운동 직전 한국의 위임통치를 청원한 전력이 있었다. 이런 문제는 임시정부의 대통령으로 최대의 약점이었다. 더욱이 임시정부의 현안도 해결하지 못했다. 잔뜩 기대를 걸었던 재정 문제 해결도 신통치 않았고, 오히려 외교독립운동 노선을 주장하다 무장투쟁론자인 국무총리 이동휘와 크게 충돌했다.

결국 이동휘는 1921년 1월 국무총리를 사임하고 임시정부를 떠났고, 이승만도 별 성과 없이 5월 하와이로 돌아가고 말았다. 같은 해 5월 안창호를 비롯한 각료들도 사임하자 임시정부의 확대 개편 문제가 초미의 관심거리로 떠올랐다.

다른 한편으로는 북경을 중심으로 임시정부 반대세력이 결집하고 있었다. 임시정부의 독립운동 노선에 반대하여 만주 독립군단체의 통합과 무장투쟁 노선을 주장하는 세력들이었다. 박용만과 신채호를 중심으로 하는 이들은 1921년 4월부터 6월까지 북경에서 군사통일회의를 열고 새로운 독립운동 통일기관의 수립을 제창하고 나섰다. 상해 임시정부와 임시의정원을 부정하고 새 정부 건설을 위한 국민대표회의 소집을 결의한 것이다. 이제 독립운동계의 현안은 임시정부의 개편만이 아니었다. 반대세력도 통합하여 명실상부한 독립운동 통일기관을 형성할 필요가 대두한 것이다.

처음 국민대표회의 소집은 1921년 2월 박은식과 김창숙 등 15명이 「아(我) 동포에게 고함」이라는 선언서를 발표하면서 제기되었다. 이들은 "전 국민의 의사에 의하여 통일적인 온고(穩固: 평온하고 안정적임)한 정국을 기도하고, 군책(群策: 여러 방략)과 군력(群力: 여러 세력)을 복합하여 독립운동의 최량(最良)한 방침을 수립"할 것을 주장했다. 그러면서 국민을 대표하여 정부를 감독하는 기관인 임시의정원이 군책과 군력을 마련할 능력이 없다고 결론짓고 이를 대신할 국민대표회의를 제창한 것이다.

임시정부에서도 노동국총판 안창호가 5월 12일 사임하면서 국민대표회의를 제창하고 나섰다. 상해 3·1당 연설에서 "독립운동의 통일을 이루기 위하여 중앙에 집력함과 공론을 세우는 두 가지 방법을 실행하기 위하여 각 지방 각 단체의 대표자들이 한번 크게 모이게 함이 가장 필요하다"고 하여 국민대표회의 소집 논의에 힘을 실어준 것이다. 나아가 그는 여운형·김규식·박은식 등과 함께 6월 6일 국민대표회기성회를 조직하고, 8월 상해·북경·천진의 대표들과 협의하여 국민대표회주비회 구성을 추진했다.

하지만 예정대로 진행할 수 없었다. 미국 워싱턴에서 개최하는 태평양회의와 그에 대응하여 러시아에서 열리는 극동인민대표회의 소식이 들려왔기 때

대한애국부인회 대표로 국민대표회의에 참가한 김마리아

문이다. 그래서 우파 독립운동 세력은 1921년 11월부터 열린 태평양회의, 곧 워싱턴군축회의에 집중했고, 좌파 독립운동 세력은 모스크바에서 개최된 극동인민대표회의에 참가하게 되었다. 그래서 두 회의가 끝난 1922년 2월 이후에야 국민대표회의 소집운동이 재개될 수 있었다.

국민대표회의 개최에서 가장 문제가 된 것이 임시의정원의 입장이었다. 임시의정원이야말로 국민의 대표기관이자 대의기구이기 때문이다. 임시의정원은 논란 끝에 국민대표회의 개최에 대해 대승적 차원에서 이를 찬성하는 '인민청원안'을 4월 16일 통과시켰다. 이제 임시의정원을 대신할 국민대표회의의 법적·제도적 장치와 위상이 마련된 것이다. 한형권이 가져온 러시아 정부의 지원 자금으로 필요 경비도 마련되자 국민대표회주비회는 국민대표회주비위원회를 구성하여 본격적으로 개최 준비에 나섰다.

주비위원회는 대표를 선거할 지역과 단체와 인원수를 정했다. 대표는 지방과 단체로 나누었다. 지방대표는 국내 13도에서 각 2명, 중국령 10개 지

국민대표회의 의장 김동삼

역에서 각 1명, 러시아령 5개 지역에서 각 1명, 미주와 멕시코 3개 지역에서 각 1명 그리고 특별구역으로 북경과 천진에서 1명과 상해와 남경에서 1명과 일본에서 1명을 배정했다. 단체대표는 보통단체와 특별단체로 나누었다. 보통단체는 독립운동을 목적으로 하는 단체와 종교단체와 노동단체와 교육단체와 청년단체로 구분하여 회원 200명 이상은 1명, 1만 명 이상은 2명으로 했다. 특별단체는 무장단체로 50명 이상은 1명, 500명 이상은 2명으로 했다.

이렇게 하여 국민대표회의는 상해에서 1923년 1월 3일부터 6월 7일에 이르는 장기간에 걸쳐 국내외 각 지역과 단체 대표 125명이 참여한 가운데 개최되었고, 총 74차례의 회의를 가졌다. 김동삼을 의장으로 선출한 뒤 진행된 회의는 임시정부를 확대 개편하자는 개조파와 임시정부를 해체하고 새로운 독립운동 통일기관을 건설하자는 창조파가 대립하여 성과 없이 끝나고 말았다.

결국 임시정부의 확대 개편도, 새로운 독립운동 통일기관의 수립도, 통일적 독립운동 방략의 채택도 이루지 못했다. 그렇지만 국내와 해외 각지의 대표 그리고 각종 단체 대표가 참석한 최대의 민족회의를 열었다는 점만으로도 그 의의가 적지 않다. 곧이어 전개된 민족유일당운동과 1930년대 독립운동정당 통일운동, 1940년대 임시정부를 중심으로 하는 좌우 진영의 통일의회와 연합정부 형성, 광복 후 통일정부 수립을 위한 남북협상 그리고 오늘날 민족통일운동의 역사적 자산이기 때문이다.

민족유일당운동의 전개와
한국독립당의 창설

1920년대 독립운동의 화두는 통합이었다. 이는 지역과 신분과 종파를 뛰어넘어 전국적이며 거족적으로 펼쳐진 3·1독립운동을 경험한 민족혁명가들이 응당히 가져야 할 자세이자 의무이기도 했다. 특히 3·1운동의 결실로 성립한 임시정부에 참여한 인물들이라면 독립운동 세력의 통합은 반드시 이루어내야 할 숙제이자 목표이기도 했을 것이다.

　주변 여건도 좋았다. 식민지·반(半) 식민지 국가와 약소민족의 해방운동을 지원하던 코민테른도 민족혁명가와의 통일전선을 촉구했다. 중국도 1924년 제1차 국공합작을 이루어 중국 국민당을 중심으로 '이당치국'으로 나가고 있었다. 이런 좋은 기회를 놓칠 수 없었다. 좌우합작을 이루어 '민족유일당'이나 '대독립당' 혹은 '민족대당'을 만들어 '이당치국'을 실천하고, 임시정부를 확대 강화할 필요가 있었다. 그 방향은 두 갈래로 정해졌다. 하나는 독립운동 세력 통합에 방해가 되는 인물을 배척하고 제도를 개선하는 일이었다. 다른 하나는 임시정부가 활동하던 상해만이 아니라 북경과 남북 만주의 독립운동 세력도 한데 모아 '민족유일당'을 조직하는 일이었다.

　첫 번째는 초대 임시대통령 이승만의 배척과 대통령중심제 권력구조의 개편으로 모아졌다. 가장 큰 문제는 사태를 수습하지 않고 정부 소재지를 떠나 정무를 등한시한 이승만 대통령에게 있다고 보았기 때문이다. 그래서 임시의정원은 1925년 3월 '임시대통령 이승만 탄핵 면직안'을 통과시키고, 제2대 임시대통령으로 박은식을 선출했다.

박은식은 임시대통령으로 선출되자 권력구조 개편에 나섰다. 대통령제 헌법을 폐지하고 국무령을 수반으로 하는 내각책임제 헌법으로 개정하는 것이었다. 1925년 4월 7일 '국무령제 헌법안'이 통과되자 박은식은 만주 독립군 지도자 이상룡을 국무령으로 추천하고 대통령직을 사임했다. 그리고 11월 1일 상해에서 '독립운동의 통일'을 유언으로 남기고 서거했다. 박은식의 유촉(遺囑)은 독립운동세력의 통일운동 곧 민족유일당운동에 지대한 영향을 주었다.

> 우리 동포에게 나의 몇 마디 말을 전하여주오. 첫째, 독립운동을 하려면 전 민족적으로 통일이 되어야 하고, 둘째, 독립운동을 최고 운동으로 하여 독립운동을 위해서는 어떠한 수단 방략이라도 쓸 수 있는 것이고. 셋째, 독립운동은 우리 민족 전체에 관한 공공사업이니 동지 간에는 애증(愛憎) 친소(親疎)의 구별이 없어야 되오. 우리가 이 귀중한 독립운동을 이루려면 무엇보다도 첫째 전 민족의 통일을 요구하여야 되겠소.

임시정부에서 박은식이 지핀 민족유일당운동의 불꽃은 홍진 국무령이 키워갔다. 1926년 7월 7일 임시의정원은 홍진을 국무령에 선출했다. 홍진은 국무령에 취임하면서 시정방침으로 '국무령 3조 정강'을 공포했는데, 그 내용은 민족유일당 조직을 추진한다는 것이었다.

1. 비타협적(非妥協的) 자주 독립의 신운동을 촉진할 일.
2. 전민족을 망라한 공고한 당체(黨體)를 조직할 일.

3. 전 세계 피압박 민족과 연맹하여 협동전선을 조직하는 동시에 또한 연락할 만한 우방과 제휴할 일.

홍진의 시정방침은 독립운동선상에서 금과옥조(金科玉條)처럼 여겨졌음은 물론 국내외에서 민족유일당 건설운동을 촉발시켰다. 특히 자치파 등 기회주의를 배격한 "전 민족을 망라한 공고한 대당체" 조직의 천명은, 국내에서 1927년 2월 비타협 민족주의자와 사회주의자의 민족협동 전선체로 신간회를 탄생시킨 주요한 요인이 되었다.

홍진의 민족유일당 조직 방침에 대해 안창호도 1926년 7월 8일 상해 3·1당 연설로 화답해 마지않았다. 안창호는 국민대표회의 이후 1924년 11월 미국으로 가 동포사회를 순회하며 독립운동 지원을 호소하고 1926년 5월 상해로 돌아와 있었다. 이날은 홍진의 국무령 취임을 축하하는 자리이기도 했다. 여기서 안창호는 '오늘의 우리혁명'이라는 주제로 긴 연설했는데, 그 내용은 '대혁명당'을 조직하여 민족혁명을 달성하자는 것이었다.

> 오늘 우리의 혁명은 정치적 혁명도 경제의 혁명도 아닌 민족혁명이다. 대한 사람이면 어떤 주의 주장을 물론하고 이 민족혁명의 길로 같이 나아갈 수 있다. 먼저 민족혁명을 한 후가 아니면 문화도 식산도 할 수 없다. 우리의 혁명사업의 성공을 위해서는 무엇보다도 대혁명당을 조직해야 하고, 다음으로는 대혁명당이 조직되기까지 임시정부를 어떻게든지 붙들어가야 한다.

안창호는 이날 이후 중국 관내는 물론 남북 만주를 왕래하며 여러 독립군단체 대표와 좌우 독립운동 지도자를 만나 본격적으로 민족유일당운동을 추진해갔다. 하지만 민족유일당 결성은 성공하지 못했다. 조직 방안을 두고 '개인본위론'과 '단체본위론'으로 노선이 갈려 대립한 때문이다.

더욱이 1927년에 들어 정세도 급작스레 변했다. 1927년 4월 중국 상해에서 장개석의 반공쿠데타가 일어나 국공합작이 깨졌고, 코민테른도 1928년 7월 제6차 대회를 열고 민족주의자와의 통일전선 노선을 폐기하고 급진 좌경 노선을 채택한 때문이다. 임시정부가 민족유일당을 결성해 '이당치국'을 시행할 준비도 마쳤는데도 말이다.

홍진에 이어 국무령으로 취임한 김구는 1927년 4월 11일 헌법을 개정하여 '이당치국'론을 도입한 「대한민국 임시약헌」을 제정했다. 여기 제2조에서 "대한민국은 최고 권력이 임시의정원에 있음. 광복운동자의 대단결인 당이 완성된 때에는 국가의 최고 권력이 이 당에 있음"이라 규정했다. 제49조에서는 "본 약헌은 광복운동자의 대단결인 당이 완성된 때는 이 당에서 개정함"이라고 명기해두었다. 임시정부는 민족유일당이 결성될 것을 전망하면서 이 당에 최고 권력기관의 지위까지 부여한 것이다.

결국 민족유일당운동은 독립운동 세력 내부의 조직론 대립과 국제정세의 변화로 말미암아 실패하고 말았다. 그렇지만 그 열기는 1930년 1월 상해에서 안창호와 김구가 중심이 되어 임시정부의 여당이자 유지 정당으로 결성된 한국독립당으로 모아졌다.

정당이란 정치적 세계관을 같이하는 사람들의 조직이고, 그 목표는 정권 수립에 있다. 마찬가지로 독립운동 정당이란 민족독립의 이념과 노선을 같이하는 독립운동가의 조직이고, 그 목표는 민족독립과 신국가 건설이었다. 그래서 민족독립과 신국가 건설의 이념과 노선에 따라 다양한 독립운동 정당이 발족했다.

1920년대 중후반 '이당치국'론의 확산과 민족유일당운동의 거센 바람은 여러 곳에서 독립운동 정당을 탄생시켰다. 중국 상해에서 한국독립당이 결성되었고, 만주에서 삼부통합운동을 거쳐 남만주 조선혁명당과 북만주 한국독립당이 발족했다. 상해 한국독립당이 임시정부의 여당이자 유지 정당으로 성립했다면, 남만주 조선혁명당은 조선혁명군과 국민부라는 한인 자치기관을 이끄는 무장독립운동 정당이었다. 북만주 한국독립당 또한 한국독립군과 한족총연합회라는 한인 자치기관을 이끄는 무장독립운동 정당으로 발족한 것이다.

한국독립운동의 역사에서 한국독립당이라는 이름을 가진 독립운동 정당은 다수였다. 상해에서 조직된 (상해) 한국독립당, 북만주에서 결성된 (만주) 한국독립당, 남경에서 재건된 (재건) 한국독립당 그리고 기강에서 통합 발족한 (중경) 한국독립당이 있다. 이들은 모두 민족독립을 공동 목표로 했지만, 각기 다른 정세 속에서 조직되어 활동했다.

여기서 언급하는 한국독립당은 1930년 1월 상해에서 결성된 독립운동 정당을 말한다. 민족유일당운동이 급격한 국제정세의 변화와 좌우세력의 갈등으로 난관에 봉착하자 우파 독립운동 세력은 1930년 1월 25일 한국독립당을 결성했다. 주도 인물은 안창호·이동녕·조소앙 등 28명으로 임시정부를 중심으로 활동하는 인사들이었다. 이들은 임시정부를 유지하고 우파 세력의 단합과 쇄신을 도모하여 독립운동 전선의 통일을 주도적으로 추진하기 위해 한국독립당을 창당한 것이다.

조직체계는 임시정부의 국무위원제를 본뜨고 중국 국민당과 공산당의 지도체제를 절충한 중앙집권적 집단지도체제였다. 중앙조직은 중앙당부와 지회(支會)와 구회(區會)의 계선조직을 갖추었다. 영수는 이사장으로 10~13명으로 구성된 이사회를 대표하고 당무를 집행하는 최고 책임자였다. 초대 이사장에는 이동녕이 추대되고, 이사에는 안창호·이시영·김구·조소앙·조완구·김철이 선출되었다. 1932년 4월 윤봉길 의거 이후에는 송병조가 이사장에 선출되어 1935년 7월 한국독립당이 해체될 때까지 재임했다.

중앙당부는 최고의결기구인 당대표회의와 이사회 그리고 감사로 구성되었다. 당대표대회는 각 지회와 구회의 대표들이 참가하는 회의로 중앙

한국독립당 주요 인사들
앞줄 왼쪽부터 조완구·이동녕·이시영, 뒷줄 왼쪽부터 송병조·김구·조성환·차리석

당부의 간부 인선 및 당의 주요 업무를 심의 결정하는 기구였다. 집행기구로 총무부·재무부·내무부·선전부·비서부를 두었다. 집행기구의 책임자는 이사 중에서 선임되었으며, 주임 또는 부장으로 불렀다.

한국독립당의 이념과 기본 강령으로 당의(黨義)와 당강(黨綱)도 마련되었다. 이동녕을 비롯하여 안창호와 조소앙 등 7명을 기초위원으로 선정하여 당의와 당강을 작성했다. 그 내용은 첫째, 국가의 독립을 보위하며 민족의 문화를 발양할 것. 둘째, 계획경제를 확립하여 균등경제의 복된 생활을 보장할 것. 셋째, 전 민족의 정치기구를 세워서 민주공화의 국가체제를 완성할 것. 넷째, 국비교육시설을 완비하여 기본 지식과 필요 기능을 보급할

이봉창 의거에 대한 한국독립당의 선언(1932년 1월 10일)

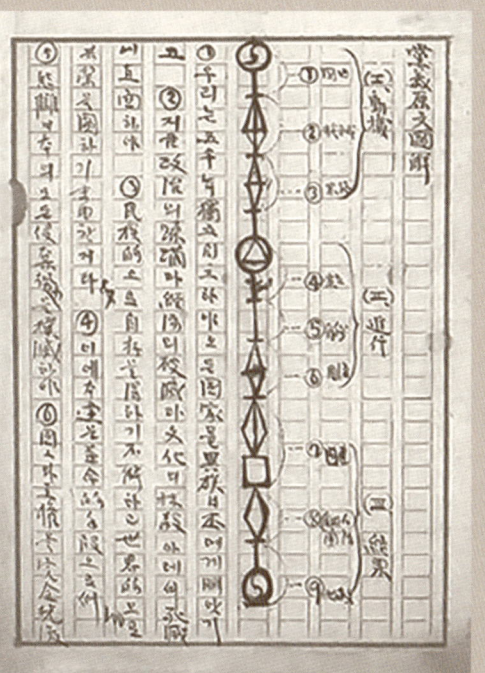

조소앙이 작성한 한국독립당 당의 기초 자료

것. 다섯째, 평등호조를 원칙으로 하는 세계일가를 실현하도록 노력할 것이었다. 안창호의 대공주의(大公主義)와 조소앙의 삼균주의(三均主義)가 깊게 투영되고, 임시정부의 민주공화제의 원칙이 굳건히 유지되고 있는 것이다.

선전활동의 일환으로는 기관지를 발행했다. 『상해한문(上海韓聞)』과 『진광(震光)』을 국한문 우리말과 중국어로 발행한 것이다. 광동지부는 『한성(韓聲)』을 별도로 발행하기도 했다.

한국독립당은 독립운동의 대강도 제시했다. 독립운동 정당이기에 "국내 민족에 대하여 혁명의식을 환기하고 혁명 역량을 집중한다. 엄밀한 조직하에서 민족적 저항과 무력적 파괴를 적극 진행한다. 세계 피압박 민족의 혁명운동단체와 함께 협진(協進)을 도모한다"고 투쟁 방략을 천명한 것이다.

특히 의열투쟁 방략도 구사했는데, 강병학 의거가 대표적이다. 1934년 3월 3일 상해 홍구 일본신사에서 거행된 상해사변 전몰 일본군 초혼제 식장에 폭탄을 던진 사건이 바로 강병학 의거였다. 이 의거는 이사장 송병조와 협의 아래 특무대장 박창세가 추진했다. 강병학 의거가 결행되자 한국독립당은 곧바로 3월 10일에 「강 의사 홍구 척탄(擲彈)의거에 대한 선언」을 발표했다. 조소앙이 기초한 이 선언에서 한국독립당은 상해신사 투탄의거가 이봉창과 윤봉길 의거에 버금가는 의열투쟁이라고 정의하고, "민족의기와 한국독립당의 혁명의지를 발양하기에 충분한 쾌거"라고 밝혔다. 나아가 이 의거를 계기로 하는 한·중 항일 연합 전선 결성의 필요성에 대해서도 역설했다.

한국독립당은 산하단체로 상해 한인청년당, 한인애국부인회, 한인여자청년동맹, 한인소년동맹을 두고 있었다. 이렇게 우파 독립운동 정당이자 임시정부의 여당으로 왕성하게 활동하던 상해 한국독립당은 1935년 7월 일시 '민족대당'으로 민족혁명당이 결성되자 여기에 참여하면서 스스로 해체했다.

한국대일전선통일동맹의 결성

한국독립당은 임시정부와 동전의 양면처럼 활동했다. 정부 차원에서 하기 어려운 정치적인 일들을 한국독립당이 했다는 말이다. 임시정부의 지지 정당이자 여당으로 당연한 정치적 행보였다. 독립운동 세력이나 정당 통일운동은 지극히 정치적인 활동으로 한국독립당이 도맡아 할 수밖에 없었다. 가깝게는 3차 개헌에서 천명한 '민족대당'을 결성하여 '이당치국'을 달성하는 헌법 행위이자, 멀리는 독립운동의 덕목 가운데 하나인 '대동단결'을 달성하려는 내부적인 일이기 때문이다.

더욱이 한국독립당은 "전 민족의 (통일적) 정치기구를 세워 민주공화국의 국가체제를 완성할 것"을 당강, 즉 행동강령으로 삼았다. 그래서 독립운동 세력 통일은 물론이고 정치세력 통일운동에 노력을 다했다. 한국독립당 창당 직후 정세는 급변하고 있었다. 일제는 1931년 9월 18일 만주사변을 도발하더니, 이듬해 1월 28일에는 중국 본토이자 국제도시인 상해까지 침략했다. 이에 임시정부는 특무조직으로 한인애국단을 결성하여 이봉창과 윤봉길 의거로 맞섰다. 자유와 평화를 사랑하는 인류와 함께 반침략 평화투쟁을 본격화한 것이다.

이들 의거는 한·중 항일 연대투쟁의 분위기를 조성했다. 만보산 사건으로 야기된 한·중 양 국민의 갈등을 일거에 날려버렸고, 한국독립운동에 대한 중국 국민당 정부의 적극적인 지원을 이끌어내는 성과도 거두었다. 이제 한·중 항일 연대투쟁에 대한 양국 국민의 지지 기반을 확대하고, 양국 정부의 공동투쟁의 고리를 강화하기 위해 독립운동 세력의 단결과 통일을 드러낼 필요가 생겼다.

이미 제도적으로나 이념적으로 독립운동 세력의 통일을 조성할 여건은 마련되었다. 임시정부는 헌법을 개정하여 "광복운동자의 대단결인 당이 완성된 때에는 국가의 최고 권력이 이 당에 있음"을 밝혀두었다. 한국독립당도 우파 민족주의자들만이 아니라 진보적 민족주의자와 좌파 민족주의자들까지도 한데 끌어 모을 수 있는 '대공주의'와 '삼균주의'를 정치적 이념, 즉 정당의 기치로 삼았기 때문이다.

항일 협동전선운동의 여건도 밝았다. 신익희와 윤기섭은 한국혁명당을 창당했고, 남만주에서 무장투쟁을 주도하던 조선혁명당도 만리장성을 넘어 중국 관내 지역으로 이동했으며, 임시정부에 비판적이던 의열단도 이봉창과 윤봉길 의거 이후 누그러져 있었다. 여기에 미주동포의 후원도 가세했다.

1932년 10월 항일 협동전선운동은 공식화되었다. 이달 초순 남만주 조선혁명당 대표 최동오와 함께 상해에 도착한 김규식은 한국독립당의 이유필과 김두봉을 만나 독립운동 세력의 통일 문제를 논의한 것이다. 이들을 중심으로 10월 12일 한국독립당 조선혁명당 한국혁명당 의열단 한국광복동지회 등 독립운동 정당과 단체 대표 9명이 각 단체 연합주비회(聯合籌備會)를 결성했다. 여기서 선임된 김규식·신익희 등 5인 위원이 연합체 결성을 앞장서 추진했다.

이들은 "각 단체 연합의 명칭은 한국대일전선통일동맹으로 하며, 각 단체의 동참 의사를 확인하여 전체회의에 제출한다"는 합의를 이끌어냈다. 그래서 10월 25일 연합체의 명칭을 '한국대일전선통일동맹'으로 정식

신익희

윤기섭

조소앙

채택하고, 창립선언문과 규약과 강령을 발표했다. 나아가 11월 5일에는 신익희 김규식 윤기섭 등 9인의 중앙집행위원을 선출하고, 비서부·조직부·선전부·군사위원회·경제위원회·외교위원회 등 집행기구를 두었다.

창립선언문에서는 "본 동맹은 중국 지역 혁명집단의 총집합체로서, 그 결합의 중심은 종교적·지방적 또는 개인적 중심에 의한 것이 아니며, 한국독립이라는 공동목표를 가진 것"이라고 했다. 한국대일전선통일동맹을 민족독립을 달성하기 위한 혁명집단의 총집합체로 규정한 것이다. 그래서 참여 범위도 중국 지역뿐 아니라 국내는 물론 미주와 하와이와 러령 지역의 독립운동 세력으로 확대했다. 또한 '충실한 민중의 기초' 위에서 전개하는 '직접 군사적 행동'을 투쟁수단으로 삼았다. 강령에서도 "우리는 혁명의 방법으로 한국독립을 완성하기로 함. 우리는 혁명 역량의 집중과 지도의 통일로 대일전선의 거대 강화를 기성함. 우리는 필요한 우군과 연결을 절실히 함"이라고 하여, 항일전선의 통일과 혁명적 방략으로 민족독립을 완성할 것을 밝혔다.

한국대일전선통일동맹은 내부적으로는 독립운동세력의 협동전선이자, 외부적으로는 한·중 항일전선체로서의 위상도 가졌다. 그래서 결성 단계부터 중국 민간의 항일단체인 중화민중자위대동맹(中華民衆自衛大同盟)과 제휴를 모색했다. 그 결과 1932년 11월 14일 중한민중대동맹(中韓民衆大同盟)이 결성되고, 북경에서는 중화오족구국대동맹(中華五族救國大同盟)이 조직되었다. 이들 단체는 결성 목적이 "중국의 실지 회복과 한국의 독립 완성을 통해, 진정한 자유 평등의 인류사회를 실현하는 데" 있음을 선언하고, '중한대일연합군 조직', '모든 반일세력의 연합', '민중반일운동 확대'를 활동 지침으로 삼았다.

김규식은 중한민중대동맹 외교부장 및 한국대일전선통일동맹 집행위원 자격으로 1932년 11월 중국을 출발하여 이듬해 8월 말까지 미주 지역

상해 한국대일전선통일동맹 결성 협의지(근검여사)

순방에 나섰다. 로스앤젤레스·샌프란시스코·시카고·뉴욕·하와이 등지를 순회하며, 대한인국민회 지방조직 및 각지 한인사회와 중국 국민당 미주총지부 등을 대상으로 한·중 항일 연대투쟁의 필요성과 한국대일전선통일동맹에 대한 지원을 호소한 것이다.

그렇지만 한국대일전선통일동맹은 가맹단체 간의 연락 협의기관으로 단체 연합적 성격을 가졌기 때문에 결속력과 통제력에서 한계가 있었다. 결국 항일전선에 민족 역량을 총결집할 명실상부한 통일전선체가 요구되었고, 그것은 민족대당일 수밖에 없었던 것이다.

민족혁명당과 한국국민당

1920년대 중후반 민족유일당운동의 산물은 상해 한국독립당을 비롯한 남만주 조선혁명당과 북만주 한국독립당이다. 대개 이들의 정치 지향은 민족주의 내지는 진보적 민족주의 범주에서 크게 벗어나지 않았다. 정파로 얘기하면 우파 내지는 중도 우파라고 할 수 있다. 그런데 1930년대 초반 결성된 한국혁명당과 신한독립당 그리고 의열단의 정치 지향은 진보적 민족주의 내지는 민족사회주의로 확대되었다. 정파로 말하면 중도 우파 내지는 중도 좌파로 정치지형이 넓어진 것이다. 독립운동 이념과 정치지형이 그만큼 확장되었다는 얘기다.

사실 1930년대 초반 민족연합전선운동과 그 성과인 한국대일전선통일동맹도 이 같은 독립운동 이념과 정치지형의 확대에 힘입은 것이다. 하지만 한국대일전선통일동맹은 단체 연합적 성격과 연락 협의기관의 기능을 가진 데 불과했다. 화학적 융합으로 발족한 것이 아니라 물리적 연대 기관이었다는 말이다. 그래서 각 독립운동 정당과 단체를 발전적으로 해소하여 '단일대당'을 결성하고, 이를 중심으로 '이당치국'을 실현해야 한다는 요구가 비등했다.

이렇게 되자 한국대일전선통일동맹은 1934년 3월 제2차 대표대회를 열고 명실상부한 대동단결체 결성안을 발의한 것이다. 이로써 단일대당 조직운동이 본격화했지만, 한국독립당과 신한독립당 일부 인사가 반대 또는 불참 의사를 표명했다. 급진 노선의 의열단이 전면에 나서고, 단일당 결성과 연계하여 임시정부를 해체하자는 제안이 나온 때문이다. 계속된 설득 작업 끝에 1935년 5월 하순 한국독립당은 임시대표대회에서 신당 참가를 결의했고, 신한독립당도 참여로 당론을 모았다. 다만 김구와 이동녕을 비롯한 임시정부 고수파 인사들은 참여하지 않았다.

1935년 6월 20일 남경에서 혁명단체 대표대회 예비회의가 개최되었다. 우선 '무조건 해체합일'에 동의한 한국독립당·신한독립당·조선혁명당·의열단·대한독립당 5개 단체의 대표 5명으로 소위원회를 구성했다. 여기서 단일대당의 조직 절차와 명칭을 정하고, 당의(黨義)와 당강(黨綱)과 정책과 당장(黨章)을 마련했다. 단일대당의 이름으로는 '조선민족혁명당'과 '한국민족혁명당'으로 의견이 갈렸으나, 김두봉의 제의에 따라 '민족혁명당'으로 결정되었다. 드디어 7월 5일 남경 금릉대학에서 혁명단체 전체 대표대회를 열고 단일대당으로 민족혁명당을 창당했다.

민족혁명당은 이념적으로는 중도 우파와 좌파의 통합체이자 정치적으로는 좌우 독립운동 세력의 통일전선체였다. 또한 1920년대 중반 이래 온축된 민족통일전선운동의 큰 결실이자 성과로 여기에는 임시정부 국무위원 7인 가운데 양기탁·최동오·유동열·조소앙·김규식 등 5인이 참여했다.

민족혁명당은 5개 단체 구성원 2,200여 명이 참여했고, 조직은 계통적으로 짜여졌다. 중앙당 → 지역 지부 → 구부(區部)로 계선 조직으로 이룬 것이다. 지도체제는 민주집중제로 운영되고, 구부 당원대회(수시 개최), 지부 대표대회(매년 개최), 전당 대표대회(격년 개최)가 의결과 심사 및 선거기관이었다. 각급 당부의 집행위원회가 집행 및 지도기관, 검사위원회가 감찰기관 역할을 수행했다.

민족혁명당 창당대회가 열린 금릉대학(남경)

금릉대학당 기념비(남경)

중앙집행위원회 제1기 위원 15명은 한국독립당과 신한독립당 출신 각 4명, 의열단과 조선혁명당 출신 각 3명이며, 김규식은 대한독립당 몫으로 선임되었다. 중앙집행위원회 산하에 7개 부서를 설치하고, 부장과 2~3명의 부원을 두었다. 서기부(김원봉)·조직부(김두봉)·선전부(최동오)·군사부(이청천)·국민부(조소앙, 뒤에 김학규)·훈련부(김규식, 뒤에 윤세주)·조사부(이영준)를 둔 것이다.

창당 이념은 민족혁명과 민주주의혁명의 동시 수행에 의한 '조선혁명의 완성'으로 천명되었다. 민족혁명은 '일제 식민지통치의 전복(顚覆)과 민족 자주정권의 건립'을, 민주주의혁명은 '봉건유제(封建遺制)의 완전 숙청과 인민 자유정권의 건립'을 의미한다. '혁명원칙'은 "민족의 자주독립 완성, 봉건제도 및 반(反) 혁명세력의 숙청과 진정한 민주공화국의 건설, 소수인이 다수인을 박삭(剝削)하는 경제제도의 소멸과 민족 각개의 생활상 평등의 경제조직 건립"이었다. 결국 민족혁명당은 민족독립의 달성만이 아니라 민주혁명을 지향하는 '혁명정당'임을 자임한 것이다.

민족혁명당은 5개 단체의 통합체로 성립했기에 권력분점과 합의제를 운영의 기본 원칙으로 삼았다. 중앙당 요직의 안배도 그 같은 맥락에서 이루어진 것이다. 하지만 실제로는 서기부장 김원봉과 조직부장 김두봉이 당무의 주도권을 행사하는 양상이 나타났다. 이에 반발하여 한국독립당계의 조소앙 등 6명이 창당 2개월여 만에 '주의상반(主義相反)'을 이유로 탈당하여 항주에서 한국독립당을 재건하고, 여기에 신한독립당계의 홍진과 조성환 등도 동참함으로써 분열되기 시작했다.

김원봉의 영향력과 발언권은 이후에도 더욱 강화되었다. 중앙당과 주요 지부와 구부의 조직 요원을 의열단계 위주로 충원한 것이다. 이로 인해 신한독립당계의 유력한 경쟁자인 이청천과 알력이 생겼고, 특히 활동자금 배분과 당기(黨旗) 제정 문제를 놓고서 갈등이 증폭되었다. 1937년 1월 제

민족혁명당 서기부장 김원봉

민족혁명당 군사부장 이청천

2차 전당대표대회에서 김원봉은 자기 뜻대로 당 조직을 개편하고, 총서기가 되어 실권자의 지위를 굳혔다. 당명도 민족혁명당에서 '조선민족혁명당'으로 바꿨다.

이렇게 되자 이청천을 비롯한 반대파는 3월 29일 비상대회 선언을 발표하고 김원봉과 그 추종자의 축출을 시도했다. 여기에 맞서 김원봉 측은 중앙집행위원회 임시회의를 열고 이청천·최동오·김학규 등 반대파 중심인물 11명을 제명함으로써 분열이 확대되었다. 이청천 측도 민족혁명당의 적통 계승자를 자임하면서 4월 말 당명 개칭 형식으로 '조선혁명당'을 발족시키고 말았다.

이제 단일대당으로 민족혁명당의 통일전선체적 성격은 크게 손상되고, 의열단의 확대 조직처럼 되었다. 나아가 김원봉 중심의 조선민족혁명당은 김구의 한국국민당과 조소앙의 재건 한국독립당과 이청천의 조선혁명당 등 우익 진영과 맞서는 위치에 서게 되고, 그 결과 독립운동 전선은 다시 좌우 분립구도가 형성되고 말았다.

'민족대당'과 '단일대당'을 표방한 민족혁명당의 창당은 좌우 독립운동 세력을 아우르고, 민족주의(자유주의)에서 진보적 민족주의와 민족사회주의에 이르는 이념적 결합체의 성립이었다. 하지만 임시정부의 입장에서는 존폐가 달린 위기이기도 했다. 민족혁명당 창당 과정에서 임시정부 폐지론이 돌출했기 때문이다. 잠시 미봉되기는 했지만 민족혁명당이 민족대당이자 단일대당을 자임했기에 이당치국론에 따라 언제든지 임시정부는 폐지될 운명을 맞이할 수도 있었다.

절체절명의 시기에 임시정부의 지킴이 김구가 움직였다. 김구는 민족혁명당에 참여하지 않고 임시정부를 고수하던 한국독립당 잔존세력 등을 묶었다. 다시 임시정부를 지키고 유지하는 독립운동 정당이자 여당을 만들기 위해서였다. 그래서 1935년 11월 항주에서 발족한 것이 바로 한국국민당이다. 임시정부 국무위원 송병조와 차리석, 한국독립당 핵심 인물 이동녕과 조완구 그리고 한인애국단 김구가 중심이 되어 결성한 것이다.

민족혁명당이 조직되어 임시정부 폐지론이 계속되자 국무위원 송병조·차리석은 이시영·조완구와 연락하여 남경에서 활동하던 김구의 협조를 구했다. 김구는 1932년 4월 윤봉길 의거 이후 중국 정부의 재정 지원을 둘러싸고 발생한 국무위원들 간의 갈등과 이른바 항주사건, 곧 임시정부 판공처 피습 사건으로 군무장직에서 물러나 있었다.

당시 김구는 한인애국단의 운영에 전념하는 한편 중국 국민당 정부의 재정 지원 아래 군사간부 양성에 주력했기에 임시정부와 한국독립당과는 소원한 관계였다. 하지만 김구는 임시정부 폐지론이 등장하자 임시정부를 지키기 위해 나서지 않을 수 없었다. 국민대표회의 시기 창조론자들이 임시정부를 폐지하려던 악몽이 되살아났기 때문이다. 무슨 일이 있어도 3·1운동을 통해 온 겨레가 분출한 독립 열기와 의지로 세운 임시정부는 지켜야만 했다. 그래서 김구는 1935년 5월 19일 「임시의정원 제공(諸公)에게 고함」이라는 서한을 발표하여 "한족의 혈(血)을 가지고 국권과 국토를 광복하려는 한인은 거개(擧皆) 임정을 성심 옹대(擁戴)할 의무가 있다"고 질타했다.

1934년 남경의 김구 가족
오른쪽부터 김신·곽낙원·김인·김구

이때 임시정부의 지도부는 붕괴 직전이었다. 국무위원 7인 가운데 5인이 민족혁명당에 참여하고 송병조와 차리석 2인만이 남아 있었다. 이들은 광동에서 활동하던 김붕준과 양우조에게도 협조를 요청하고, 민족혁명당에서 탈당하여 재건 한국독립당을 결성한 조소앙 등과도 협조체제를 구축하며 임시정부 유지에 힘썼다. 나아가 1935년 10월 항주에서 제28회 임시의정원 회의를 열고 김구를 국무위원으로 선출하여 새로운 내각 구성을 맡겼다.

임시정부의 주도권을 확보한 김구는 1935년 11월 가흥 남호의 배 위에서 임시의정원 회의를 열고 국무위원을 선출하여 무정부 상태의 임시정부를 수습했다. 곧이어 민족혁명당에 대항하며 임시정부를 옹호할 수 있는 유지 정당을 만들었다. 그러한 과정으로 1935년 11월 항주에서 한국국민당이 조직된 것이다.

한국국민당은 집단지도체제로 이사장제를 채택한 뒤 이사장으로 김구를 선출했다. 발족 당시 본부는 항주에 두었으나 1937년 7월 중일전쟁이

이동녕의 장례식(1940년 3월 17일)

발발한 직후 남경으로 옮겼다. 이념은 창립선언서에서 "오등은 국가주권의 완전한 광복에서 전 민족적 정치와 경제와 교육 균등의 3대 원칙의 신앙을 확립하고 한국국민당을 조직했다"고 하여 삼균주의를 주지로 삼았다. 특히 당강으로 "임시정부를 옹호, 진전시킬 것"이라고 하여 임시정부의 옹호 유지 정당임을 선명하게 밝혀놓았다.

당의(黨義)는 "본당은 혁명적 수단으로써 구적 일본의 총 침탈세력을 박멸하여 국토와 주권을 완전히 광복하고, 정치·경제·교육의 균등을 기초로 하는 신민주공화국을 건설하여서 안으로는 국민 각개의 균등생활을 확보하고, 밖으로는 민족과 민족, 국가와 국가와의 평등을 실현하고 나아가 세계 일가의 진로로 향함"이라 했다. 혁명적 수단으로 국토와 주권을 광복하여 신민주공화국을 건설하고, 삼균주의가 실현되는 세계 일가의 건설을 지향한 것이다.

독립운동 방략은 크게 3단계로 구분하여 추진했다. 첫째는 국가주권의 완전한 광복이라는 혁명적 의식, 곧 독립운동에 대한 지속적이고도 강력한 의지와 의식을 한민족 전체에게 고취 환기시키는 단계이다. 둘째는

기강에서 3당 통합으로 결성된 한국독립당(1940년 5월)

혁명적 의식으로 무장된 한민족의 역량을 총집중하는 단계이다. 셋째는 이를 바탕으로 민중적 반항과 무력적 파괴를 적극적으로 추진하고, 우방국가 및 우호민족과 연합전선을 구축하여 독립을 쟁취하는 단계이다.

한국국민당과 산하단체인 한국국민당청년단과 한국청년전위단은 국내외 한인동포들에게 혁명적 의식을 고취하기 위해 『한민(韓民)』・『한청(韓靑)』・『전선(前線)』 등 기관지와 각종 유인물을 발행하여 선전활동을 전개했다. 『한민』은 한국국민당의 기관지로 1936년 3월 15일 창간되었다. 『한청』은 한국국민당청년단, 『전선』은 한국청년전위단의 기관지였다.

특무공작은 한국국민당청년단과 한국청년전위단이 수행했다. 한국국민당청년단은 김구의 특무조직인 한국특무대독립군과 학생훈련소 대원을 중심으로 1936년 7월 남경에서 조직되었다. 한국청년전위단은 김붕준과 양우조 등이 활동하던 광동 지방에서 한국국민당의 세력 기반을 확대하기 위해 1937년 2월 결성한 것이다. 이들 단체는 일제에 관한 각종의 정보 수집, 관공서 파괴와 요인 처단, 선전 유인물 배포 등을 통한 후방교란을 임무로 했다.

한국국민당은 우파 독립운동 세력의 중심으로 좌파 독립운동 세력의 중심인 조선민족혁명당과 경쟁하며 중일전쟁 직후 민족연합전선 구축과 독립운동 정당 통일운동에 앞장섰다. 그래서 중일전쟁 직후인 1937년 8월 한국국민당을 중심으로 하는 우파 독립운동 세력은 한국광복운동단체연합회(광복진선)를 결성했다. 나아가 정당 통일운동을 거쳐 1940년 5월 임시정부의 여당이자 우파 통합 정당인 중경 한국독립당을 결성하는 데 중심적 역할을 수행했다.

최후의 일인까지
최후의 일각까지

― 대한민국 임시정부의 무력투쟁 ―

대한민국 임시정부의
독립전쟁 추진

1919년 9월 11일 한성정부를 정통으로 러령정부와 상해정부가 통합하여 임시정부의 통일이 이루어졌다. 통합 임시정부가 성립하면서 독립운동 노선도 다양하게 추진되었다. 임시대통령 이승만을 중심으로 외교운동 방략이 구사되었고, 국무총리 이동휘를 중심으로 무장투쟁 방략이 실행되었으며, 노동국총판 안창호를 중심으로 독립전쟁 준비 방략이 추진되었다. 특히 이동휘의 국무총리 취임은 그동안 취약했던 군사활동의 강화를 예고하는 것이었다.

    통합 직후에 결정된 '대한민국 임시정부 시정방침'을 보아도 그렇다. 여기서 임시정부는 "독립운동의 최후수단인 전쟁을 대대적으로 개시하여 규율적으로 진행하고, 최후의 승리를 얻기까지 오래 버티기 위해 준비 방법을 실행한다"고 하면서, 독립전쟁을 최후의 방략으로 천명했다.

    임시정부는 시정방침에 맞춰 법률도 제정했다. 11월 5일 법률 제2호로 공포된 '대한민국 임시관제'에서는 임시대통령의 직할기관으로 대본영·참모부·군사참의회 설치를 규정하고, 군무부의 조직과 직무를 8개조 29개항으로 확대한 것이다. 안창호도 독립전쟁을 강조하기에 이른다. 1920년 1월 3일과 5일 행한 신년 연설에서 안창호는 '우리 국민이 단정코

청산리 대첩을 그린 기록화

실행할 6대사'를 발표했는데, 그 첫 번째로 군사 문제를 거론하면서 '신년은 독립전쟁의 해'라고 주장한 것이다.

더 나아가 임시정부는 군무부를 만주로 이동하여 독립전쟁을 영도할 계획도 논의했다. 그것은 1920년 2월 23일부터 열린 제7회 임시의정원 회의에서 윤기섭·이진산·왕삼덕 등이 제안하여 통과시킨「군사에 관한 건의안」에 나타나 있다. 내용을 보면, "① 금년 5월 상순 이내로 적당한 지점에 군사회의를 소집하여 군사계획을 절실히 확립하며 군무 진행의 방침을 주도히 규정할 일, ② 군무부의 육군·군사·군수·군법 4국과 기타 모든 군사기관을 만주(중국 동삼성과 아령 연해·흑룡 양주를 포함)에 이치(移置)할 일, ③ 금년 내에 적어도 만주에서 보병 10개 내지 20개 연대를 편성 훈련할 일, ④ 금년 내에 적어도 사관과 준사관 1천 인을 양성할 일, ⑤ 금년 내에 전투를 개시하되 적어도 보병 10개 연대를 출동하도록 할 일" 등이었다.

사실 임시정부의 독립전쟁 추진은 만주·러령 지역 무장투쟁의 열기를 수용한 것이다. 3·1운동 이후 청산리 대첩 시기까지 만주의 독립군단체는,

청산리 대첩 기념비(중국 화룡현 청산리계곡 입구)

북만주 지방의 대한국민회·북로군정서·대한독립군 등 24개 단체와 남만주 지방에 한족회·서로군정서·대한청년단연합회 등 22개 단체를 비롯하여 무려 46개 단체가 존재했다. 이들 가운데 대한국민회·북로군정서·서로군정서·대한청년단연합회·광복군총영·대한독립군·한족회·보합단 등은 임시정부계열의 독립군단체들이었다.

예컨대 북만주 최대 독립운동단체인 대한국민회는 1919년 11월 통합임시정부의 성립을 '최고 기관된 정부'의 성립으로 간주하고 자신을 '(임시)정부의 승인을 득(得)'한 북간도의 통일 기관임을 자처하고, 북간도 선출 임시의정원 의원으로 계봉우·유예균 등 2명을 상해로 파견했다. 특히 청산리 대첩 주력부대인 북로군정서는 대종교 지도자 서일 등이 1911년 북간도 일대에서 조직한 중광단이 발전한 것이었다.

북만주 왕청현(汪淸縣)에 본영을 두었던 중광단은 3·1운동 직후 정의단으로 확대 개편되었다가 1919년 8월 대한군정서로 발전했다. 그리고 임시정부를 따르기로 하고 12월 '북만주에 있는 임시정부의 군사기관'이라는 의미를 가진 북로군정서로 이름을 바꿨다. 1919년 5월 북만주 장백현에서 조직된 대한독립군비단도「약장」제1장에서 "본단은 아(我) 임시정부의 국무총리 각하의 명령으로 조직한다"고 하면서, 아예 처음부터 임시정부의 군사 기관임을 자임하고 나섰다. 러령 연해주에서 활동하던 홍범도도 대한독립군 사령 명의로 "우리는 경거를 피하고 (임시)정부의 광명정대한 선전을 기대할 뿐"이라고 하면서 임시정부 지지를 표명했다.

남만주 독립군단체들도 차례로 임시정부 지지 의사를 밝혔다. 1919년 4월 안동현(安東縣)에서 결성된 대한독립청년단연합회는 활동 방침으로 '임시정부의 운동비 조달, 임시정부의 정책·법령 준수' 등을 명시하여 임시정부 지지를 분명히 했다. 유하현(柳河縣)에서 결성된 대한독립단도 "언제라도 출발할 수 있는 준비를 갖추고 단지 상해 임정의 지휘를 기다리고 있다"고 하면서 임시정부 봉대를 천명했다. 11월 한족회가 중심이 되어 조직한 군정부도 임시정부의 지시로 서로군정서로 이름을 바꿨다.

한족회는 임시정부가 수립되자 윤기섭을 파견하여 중앙정부는 상해에 두되 만주에는 군정부를 설치할 것을 건의했다. 이 내용이 11월 17일 국무회의에서 통과됨에 따라 군정부를 서로군정서라 하고 한족회와 함께 임시정부 산하로 들어간 것이다. 통합 임시정부는 무장투쟁론자인 이동휘의 국무총리 취임 이후 군사정책을 강화했다. 곧 만주의 독립군단체와 긴밀히 연대하여 독립전쟁을 수행하려는 계획이었다. 그리하여 청산리 대첩 직전 남북 만주의 중추적 독립군단체가 임시정부를 봉대하고, 그의 명령에 따라 군정서로 이름을 바꾸면서까지 유기적인 관계를 갖게 되었다. 결국 이는 통합 임시정부의 위상과 영도력이 강화된 사실을 보여주고, 다른 한편으로는 임시정부의 군사활동이 점점 빛을 발해가며 큰 성과를 기대할 수 있는 상황이 도래했음을 암시했다.

임시정부와 청산리 대첩

청산리 대첩은 만주 독립군의 투쟁 역량의 표출이자 임시정부 군사활동의 산물이라고 할 수 있다. 통합 임시정부의 군사활동과 그에 따른 만주 독립군단체와의 연계 형성, 연통제와 임시교통사무국 그리고 거류민단제가 시행되어 국내외 동포들에 대한 통할 노력이 경주되는 가운데 이룬 성과가 청산리 대첩이기 때문이다.

만주 독립군단체들은 3·1운동 이후 군사훈련과 무기 구입 등을 통해 전투 역량을 강화하면서 국내 진공작전을 지속적으로 전개했다. 일제 정보자료는 1920년 1월부터 3월까지 3개월간 독립군이 수행한 국내 진공작전이 총 24회에 달한다고 기록하고 있다. 임시정부 군무부 또한 1920년 3월부터 6월 초까지 독립군이 전개한 국내 진공작전을 총 32회로 파악했다.

그것 가운데 하나가 삼둔자(三屯子) 전투이다. 1920년 6월 초 30여 명으로 구성된 독립군 부대는 화룡현(和龍縣) 삼둔자를 출발하여 함경북도 종성 강양동에 주둔한 일본군 헌병순찰대를 격파했다. 이에 일제는 나남 주둔 일본군 제19사단 예하 남양수비대 1개 중대와 헌병경찰대로 독립군을 추격했지만, 삼둔자에 매복해 있던 최진동의 군무도독부 독립군에게 재차 격퇴되었다.

봉오동 대첩을 이끈 홍범도

청산리 대첩 당시 홍범도 장군 부대가 소지했던 수류탄과 총탄

이렇게 되자 일본군은 250여 명의 병력으로 '월강(越江)추격대'를 편성하여 6월 7일 봉오동으로 침투해왔다. 여기에는 홍범도의 대한독립군과 최진동의 군무도독부군 및 안무의 대한국민회군이 전투태세를 갖추고 있었다. 봉오동계곡 안으로 일본군 추격대를 깊숙이 유인한 독립군 연합부대는 지형지물을 이용한 기습작전으로 적을 크게 격파했다. 『독립신문』은 일본군 사상자가 120여 명이라고 전과를 보도했다.

삼둔자 전투와 봉오동 전투에서 연달아 패배한 일제는 소위 「간도지방 불령선인 초토계획」을 세웠다. 만주 독립군부대는 물론 그 활동 기반인 동포사회를 말살하기 위한 것이었다. 일제는 첫 단계로 '훈춘사건'을 조작했다. 중국 마적단으로 하여금 10월 2일 훈춘 일본영사관 분관 습격을 사주한 것이다. 나아가 마적단에는 중국인뿐만 아니라 한국인 및 러시아인이 가담했다고 발표하면서, 중국과 러시아 정부의 발목을 잡고 간도를 침공했다. 이른바 '간도 출병'을 감행한 것이다.

일본군의 간도 침공은 이미 '훈춘사건' 당일부터 시작되었다. 병력은 나남 주둔 일본군 제19사단을 주력부대로 하고, 연해주파견군과 북만주파견군 및 관동군이 합세한 2만여 명이었다. 이들은 만주 독립군기지를 목표로 남쪽에서 조선 주둔 일본군인 이른바 '조선군', 서쪽에서 관동군, 북쪽에서 북만주파견군 그리고 동쪽에서 연해주파견군이 사방으로 포위해 들어왔다.

독립군 전쟁 가운데 가장 빛나는 성과인 청산리 대첩은 이러한 상황 속에서 거둔 대승리다. 10월 20일 북로군정서군을 비롯한 대한독립군과 대한신민단군과 대한국민회군 등 독립군단은 백두산록으로 향하는 길목인 화룡현 2도구와 3도구에 집결했다. 독립군의 이동 정보를 입수한 일본군은 아지마지대(東支隊)로 하여금 추격하게 했고, 곧 여기서 일대 격전을 벌이게 되었다.

첫 전투가 발생한 곳은 청산리 백운평이었다. 3도구 방면에 있던 김좌

북로군정서 사관연성대장 이범석

진의 북로군정서와 일본군 아지마지대 소속 야마다(山田)부대 간에 10월 21일 새벽 청산리 백운평 계곡에서 전투가 벌어졌다. 북로군정서 사관연성대장 이범석이 지휘하는 독립군은 백운평 깊숙이 일본군을 유인하여 깎아지른 절벽이라는 직소에서 매복전을 벌여 대승리를 거두었다.

2도구 방면 완루구에서도 10월 22일 홍범도의 지휘 아래 독립군 연합부대가 일본군 주력부대를 물리치는 전과를 올렸다. 이후 10월 26일까지 독립군과 일본군 간에 천수평·어랑촌·맹개골·만기구·천보산·고동하곡 등지에서 10여 회의 전투가 벌어졌다. 이 청산리 전투에서 독립군이 올린 전과는 대한군정서 총재 서일이 임시정부에 보고한 자료에 따르면, 연대장 1인과 대대장 2인을 포함하여 일본군 1,254명 사살, 200여 명 부상이었다.

처음 임시정부에 청산리 대첩을 공식적으로 보고한 이는 안정근과 왕삼덕이다. 이들은 임시정부의 북간도 특파원으로 현지에서 활동하고 있었다. 이들의 파견 목적은 북간도에 임시정부 산하의 '거류민단'과 연통부인 '함북감독부'를 설치하는 것이었다. 다른 한편으로는 북간도 독립군 부대와 한인자치단체를 통일하여 임시정부 산하로 묶는 일을 추진했다. 이들은 이 일을 맡기에 적격이었다. 임시정부를 주도하던 안창호와 이동휘의 측근이기 때문이다.

독립전쟁 전략 확립과
대독립당 건설 제창

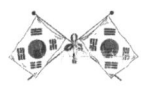

안정근과 왕삼덕은 청산리 대첩 소식을 듣고는 자세한 상황을 임시정부에 보고하고, 향후 대책을 촉구하기 위한 활동에 들어갔다. 이들은 임무를 분담했다. 왕삼덕은 상해로 즉시 귀환하여 청산리 대첩 등 북간도 독립군의 전투 상황을 직접 보고하고, 안정근은 북간도에 계속 남아 활동하기로 한 것이다. 그러면서 안정근은 왕삼덕 편으로 전달한 보고서를 통해 청산리 대첩 이후 임시정부의 대책을 촉구했다. 일제의 정보문서「대한민국 임시정부의 간도사건에 관한 간도파견원 안정근의 보고문 입수의 건」에도 그 같은 사실이 잘 드러나 있다.

임시정부는 왕삼덕과 안정근의 보고를 받고 곧바로 청산리 대첩을 비롯한 북간도 독립군의 전과를 홍보하기 시작했다. 1920년 11월 12일자로 군무부에서 발표한「북간도에 재한 아(我) 독립군의 전투보고」가 바로 그것이다. 이는『독립신문』12월 25일자에서 대대적으로 보도되었다. 우선 북간도에서 독립군이 거둔 전과를 4개 지역의 전투 상황을 통해 소개했다. ① 삼둔자 부근의 전투, ② 봉오동 부근의 전투, ③ 청산리 부근의 전투, ④ 새물둔지(천수평)의 전투가 그것이다. 그리고 각 전투 상황을 ① 전투 전(前) 피아의 형세, ② 전투 경과의 상황, ③ 피아의 손해 등으로 나누어 구체

경신참변 당시 일본군의 한인 학살

적이고 상세하게 설명하고 있다.

이와 함께 임시정부는 『독립신문』의 「간도통신」이라는 지면을 통해 훈춘사건과 청산리 대첩 이후 일제의 한인동포에 대한 탄압 사례, 즉 경신참변 소식을 대대적으로 알렸다. 안정근의 건의가 크게 작용한 것이다. 안정근은 1920년 11월 임시정부에 전달한 보고문을 통해 청산리 대첩의 전과와 함께 훈춘사건 이후 일제의 한인동포 학살 만행, 곧 경신참변을 자세히 보고했다.

안정근은 재만 한인동포들의 참상을 세계에 널리 알리기 위해 중국 각 신문에 홍보할 것을 희망했다. ① 적군(일본군)이 화룡현과 간도와 종성 등지에서 야간에 이유 없이 20여 명의 동포들을 학살한 일, ② 간도에 있는 우리의 교육기관 가운데 제일인 명동학교를 불태워버린 일, ③ 연길과 화

화룡현 정부가 세운 청산리전적비   청산리 대첩을 이끈 김좌진

룡현 등의 20여 곳에서 민가와 학교를 방화한 일, ④ 도로에 왕래하는 인민들을 수색하고 구타한 일 등이다.

임시정부의 청산리 대첩에 대한 선전활동은 계속되었다. 특히 1921년 1월 15일 대한군정서 총재 서일의 「대한군정서보고」라는 문건의 공개를 통해 더 자세하고 현장감 있게 소개했다. ① 전투 전후 아군의 정황, ② 청산리와 천수평 부근 전투 상황, ③ 피아의 사상(死傷)과 아군의 전리품, ④ 경전(經戰) 장교, ⑤ 피아의 승패 이유까지 상세하게 알린 것이다. 무엇보다도 전투에 참여한 장교들의 보직과 이름을 구체적으로 거명하고 있는 점이 특색이다.

청산리 대첩에 대한 선전활동과 함께 주목되는 것은 이를 계기로 임시정부가 새로운 독립운동 방략을 모색해갔다는 점이다. 그 내용은 『독립신문』에 1920년 12월부터 이듬해 2월까지 연재한 「간도사변과 독립운동 장래의 방침」이라는 논설을 통해 잘 드러난다. "지금은 통곡하고 원한(怨恨)할 때가 아니라 냉정하게 장래의 운동 방침을 고려할 때니, 다만 일시의 격분으로 구원한 이해를 불계하고 맹진함은 결코 대사를 경영하는 민족의 취할 바가 아니다"라고 하면서 새로운 독립운동 방략을 세우자고 했다.

그렇다면 새 독립운동 방략은 무엇인가. "우리 목적은 독립이다. 독립의 유일한 방법은 독립전쟁이다. 그럼으로 우리의 의무는 독립을 회복할 능력을 가진 독립전쟁이 생기도록 일심으로 노력하는 것이다. 그런데 독립전쟁은 군인과 군비와 기회가 있어야 한다. 그럼으로 군인을 양성하고 군비를 저축하면서 기회를 기다리는 것이 우리의 근본주의가 될 것이니 정부나 각 단체나 인민이 이로부터 일심으로 노력할 것은 이 주의를 실현하는 일이다. … 그런데 현존의 단체로는 도저히 독립운동을 감당하기 불능하니 불가불 전(全) 민족의 중심이 되고 전(全) 운동의 주력이 될 대독립당을 건설하여야" 한다는 것이었다. 나아가 "이 대독립당은 반드시 임시정부를 수뇌로 하고 중심으로 하는" 것이어야 한다고 주장했다. 독립운동의 유일 방략으로 독립전쟁 전략을 재차 천명하고, 임시정부를 중심으로 하는 '대독립당' 건설을 제창한 것이다.

대독립당의 조직 원칙과 방안은 무엇인가. 임시정부는 조직 원칙으로 세 가지를 들고 있다. "① 임시정부를 수뇌요 중심으로 할 것, ② 당원은 납세의 의무를 부담할 것, ③ 당원은 병역의 의무를 부담할 것"이었다. 대독립당 조직 방안으로는 "① 민적안(民籍案), ② 현존 독립운동 각 단체 연합안, ③ 신당 조직안"을 제안했다. 민적안은 "3안 중 가장 합리하고 당연한 안, … 대외선전이나 군사행동의 기초를 이루는 금력(金力)과 인력을 득하는 유일한 방법, … 그 모든 일의 기초가 되는 국민의 모집, 즉 민적의 실시를 주장하는 것"이라고 했다. 민적안에 의한 대독립당 조직 방법은 '① 권유, ② 모집, ③ 조직' 등의 3단계를 제시했다. 민적안에 의한 대독립당 건설이 불가능할 때, "우리는 불가불 제2안인 각 단체 연합안으로 가야할 것이오, 각 단체에게 만일 이러한 자각과 결심이 없다 하면, 우리는 제3안으로 가서 직접으로 충량한 동포를 규합함으로 대독립당 건설의 일을 시작하여야 할" 것으로 보았다.

임시정부가 독립전쟁 전략을 강조하고 대독립당 건설을 제창한 것은 청산리 대첩으로 고조된 반일의지를 독립전쟁으로 결집하고, 경신참변으로 파괴된 민족 역량을 회복하기 위한 조치였다. 결국 청산리 대첩 이후 독립운동 방략은 '절대 독립, 완전 독립'을 지향하는 독립전쟁론으로 정립되었고, 나아가 이를 실천하는 무장투쟁이 한국독립운동에서 최고 가치를 지니게 된 것이다.

의열투쟁과 한인애국단

한국독립운동은 지속성과 광범성과 근대성과 다양성 그리고 투쟁성이라는 특성을 가졌다. 우리 민족은 일제의 침략으로 국권이 훼손되자 결연히 일어났다. 그것이 바로 1894년 갑오변란, 곧 일본군의 경복궁 쿠데타를 계기로 봉기한 의병전쟁과 반(反)침략 동학농민전쟁이다. 독립운동의 역사는 이로부터 시작되어 1945년 8·15광복의 그날까지 반(半)세기에 걸쳐 계속되었다. 반세기의 지속적인 역사를 가진 것이다.

한국독립운동의 특성 가운데 하나는 지역적 광범성이다. 국내는 물론 국외에서도 우리 민족이 사는 곳이라면 어디나 독립운동의 무대가 되었다. 독립군의 활동 무대가 된 중국 만주와 러시아 연해주 지역은 물론이고, 임시정부가 수립된 상해를 비롯하여 중국 관내 지역도 독립운동의 중심지로 떠올랐다. 특히 적지인 일본에서도, 미주와 유럽 지역에서도 독립운동이 펼쳐짐으로써 한국독립운동의 무대는 전 세계로 확대되었다.

한국독립운동의 또 다른 특성은 근대성이다. 그래서 독립운동이라고 이름붙일 수 있는 것이다. 복벽(復辟: 군주국을 다시 세우자)주의와 보황(保皇: 입헌군주국을 세우자)주의 국권회복운동도 있었으나 점차 극복되어 전제군주국이 아니라 근대 국민국가, 곧 민주공화국을 새롭게 세우려는 것이 독립운동의 목표였다. 우리 민족의 대표기관이자 주권기관을 자임한 대한민국 임시정부가 민주공화제로 수립되었음은 물론, 27년간의 존속 기간 내내 민주제도와 절차로 운영된 사실이 그것을 증명한다. 이런 의미에서 독립운동가는 열렬한 혁명가이자 근대화운동가였던 셈이다.

운동 노선과 이념의 다양성 또한 한국독립운동의 특성 가운데 하나이다. 무장독립운동과 외교독립운동, 민족문화운동과 민족경제운동, 청년 학생, 농민, 노동자, 여성 등 각계각층의 민족 구성원이 펼친 대중운동 등 실로 다양한 노선과 투쟁으로 조국광복과 민족독립을 갈구했다. 이들은 자유주의(민족주의)와 사회주의와 무정부주의를 수용하고, 대공주의와 삼균주의를 창안하여 무지개처럼 독립운동을 전개했다.

게다가 한국독립운동은 격렬한 투쟁성을 가졌다. 무장투쟁인 의병전쟁과 농민전쟁으로 독립운동이 시작된 사실을 봐도 알 수 있다. 무장투쟁의 전통은 1907년 군대해산 이후 국민적 의병전쟁을 거쳐 1920년대 독립군 항쟁으로 발전했다. 그리고 1930~1940년대 조선의용대와 한국광복군으로 이어졌다. 그래서 독립운동의 중심에는 무장독립투쟁이 자리했고, 무장독립투쟁은 여러 갈래의 독립운동을 꽃피운 원천이자 동력이기도 했다.

한국독립운동 가운데서도 가장 독특한 것은 의열투쟁이다. 이는 자신의 생명까지도 던지며 온 인류에게 자유와 정의의 메시지를 전달하고, 민족독립의 의지를 표출하는 것이다. 이런 점에서 의열투쟁은 테러와 매우 다르다. 우선 목적부터 큰 차이가 있다. 테러는 개인이나 일부 집단이나 조직의 사사로운 이익을 위한 것이지만, 의열투쟁은 국가나 민족이나 인류공영을 위한 것이다. 공격 대상 또한 테러는 불특정 다수로 삼아 선량한 시민의 피해가 크지만, 의열투쟁은 침략 원흉이나 공공의 적 또는 침략기구나 수탈기관 등 소수로 특정한다. 또한 의열투쟁은 정정당당하게 거사의 목적 이유 주체를 밝히지만, 테러는 그렇지 않다.

의열투쟁과 테러의 차이

주제	의열투쟁	테러
목적 (공·사익)	국가나 민족이나 인류공영	개인이나 일부 집단 혹은 단체의 사사로운 이익
공격 대상 (양민 대상 여부)	침략 원흉이나 공공의 적 또는 침탈기관이나 단체 등 소수로 특정	불특정 다수로 삼아 선량한 시민도 피해 대상
공개 여부	거사의 목적, 이유, 주체 등 공개	거사의 목적, 이유, 주체 등 대개 비공개
투쟁 방식	암살, 파괴, 폭동 등 실력(무력) 투쟁	
특이사항	반(反)침략 평화주의 (의열투쟁의 실천적 기반)	

    대한민국 임시정부의 수립 이유는 다른 무엇보다도 독립운동이었다. 독립이 되어야만 민족 대중의 의사를 결집한 정식 국민국가와 민주정부를 세우고, 민족 발전을 이루며 세계 공영에 이바지할 수 있기 때문이다. 초기부터 만주 독립군의 무장투쟁을 지원하고, 국내 비밀결사와 연계하여 지속적인 의열투쟁을 전개한 이유도 여기에 있다.

    더욱이 소수의 인원과 전력으로 독립운동의 효과를 표출할 수 있는 것이 의열투쟁이다. 임시정부는 직접 또는 외곽단체를 조직하거나 후원단체와 연계하여 의열투쟁을 전개했다. 사실 임시정부도 국가이자 정부를 표방했기에 암살 파괴 방식의 의열투쟁을 직접 벌이기는 어려웠다. 그래서 초기에는 임시정부 방위를 위해 경무국 경위대원들이 나서서 김도순·정필화·황학선 등 친일 밀정을 처단하는 일부터 시작했다.

    임시정부가 의열투쟁을 본격한 것은 1920년을 '독립전쟁의 해'로 삼은 뒤부터이다. 국내외에 의용단과 군사 주비단(籌備團)을 조직하여 의열투쟁에 나섰다. 의용단은 임시정부의 외곽단체로 상해에 본부를 두고 국내에 지단과 분단을 설치했고, 주비단은 군무부 직속으로 서울과 황해도에 결성되었다.

이들은 군자금 모집, 평양경찰서 폭파, 황해도 은율 친일군수와 밀정 처단 등의 활동을 벌였다.

특히 국민대표회의 이후 위기에 처한 임시정부를 보호하고자 발족한 의열투쟁단체가 병인의용대이다. 1926년 병인년에 발족했다고 해서 '병인의용대'라고 했는데, 나창헌이 대장이었다. 창립 선언에서 "본대(병인의용대)는 임시정부의 기치하에 철혈주의로 독립운동에 예신자진(銳身自進)하는 의용청년을 체맹(締盟)하여 적의 모든 시설을 파괴하고 적에 부수하는 일체의 이적행위를 서제(鋤除: 없앰)하기 위해" 조직한다고 밝혀, 임시정부의 직할 기관임을 자임했다.

병인의용대 대장 나창헌

1920년대 임시정부의 최대 의열투쟁조직으로서 병인의용대는 괄목할 만한 성과를 냈다. 3차례에 걸친 상해 일본총영사관 투탄 의거를 비롯하여 박제건 등 다수의 친일 밀정을 응징하고, 순종황제의 국장일에 조선총독 등 고위 관리를 처단하려는 계획을 추진하기도 했다. 결국 임시정부는 초기부터 직간접적으로 의열투쟁단체를 조직하고 운영하면서, 존재의 이유를 밝히고 위기를 극복하며 독립운동의 중심기관으로서 위상을 구축해간 것이다.

한국독립운동사에서 '의열투쟁' 하면 떠오른 것이 바로 의열단과 한인애국단이다. 의열단은 3·1독립운동 직후인 1919년 11월 만주 길림에서 김원봉이 결성한 의열투쟁조직이고, 한인애국단은 1931년 11월 김구가 임시정부의 특무조직으로 결성했다. 의열단은 출범 직후부터 국내에서 대규모 암살 파괴 투쟁을 결행했다.

파괴해도 좋은 조선총독부 등 식민통치 및 수탈기관을 '5파괴(破壞)'로 삼고, 조선총독과 침략 수뇌 등 죽여도 좋은 부류들을 '7가살(可殺)'로 삼아 1차와 2차에 걸쳐 대규모 국내 암살 파괴 작전을 진행한 것이다. 의열단의 공격 대상은 1923년 신채호가 작성한 '조선혁명선언'을 통해 일왕이 추가되면서 '8가살'이 되었고, 또 1924년 김지섭의 일왕궁 투탄의거를 통해 '6파괴'로 특정되었다.

의열단이 파상적으로 전개한 의열투쟁은 헤아릴 수 없을 정도로 많다. 중요한 것만 들더라도, 1920년 박재혁의 부산경찰서와 최수봉의 밀양경찰서 폭파 의거, 1921년 김익상의 조선총독부 투탄과 1922년 상해 황포탄에서 일본 육군대장 다나카 기이치(田中義一) 처단 기도, 1923년 김상옥의 종로경찰서 투탄 의거와 총격전, 1924년 김지섭의 일왕궁 투탄 의거, 그리고 1926년 나석주의 조선식산은행과 동양척식주식회사 투탄 의거와 총격전 등 이루 열거하기 힘들다. 그래서 일본 군경은 의열단이라는 소리만 들어도 벌벌 떨었다고 한다.

임시정부도 수립 초기부터 의열투쟁을 전개했다. 월등히 우세한 화력을 가진 일제를 상대로 의열투쟁을 통해 민족독립과 조국광복의 의지를 표출하고, 인류의 정의와 세계 평화를 갈구한 것이다. 1930년대 초반의 상황은 더욱 악화되었다. 1929년 10월 세계대공황 이후 제국주의 열강은 경제 위기를 극복하기 위해 혈안이었다. 영국이나 프랑스는 자국 식민지를 중심으로 블록경제체제를 구축하여 위기를 극복해갔고, 미국은 대규모 토목사업, 곧 태내시강 유역 개발사업을 통해 국내 소비를 창출해 불황에 맞서나갔다.

하지만 후발 제국주의 국가인 일본은 식민지도 많지 않았고, 자국 내 소비 창출도 쉽지 않았다. 일본 군부가 앞장서 대륙침략정책을 추진한 이유다. 타국을 먹이 삼아 자국의 문제를 해결하려는 못된 버릇이 또 발동한

한인애국단 단장 김구

한인애국단 단원 유상근

한인애국단 단원 최흥식

의열단원

것이다. 이즈음 1931년 7월 만주 길림성 장춘현에서 수로 문제를 둘러싸고 한국과 중국 국민의 충돌로 만보산 사건이 일어났다.

한국 농민들이 만주로 대거 이주하여 소작 조건이 악화하는 등 중국 농민들의 불만이 고조되던 차에 만보산 사건이 발생한 것이다. 농촌에서 흔히 볼 수 있는 수로분쟁이었지만, 일제는 이를 침소봉대하고 왜곡하여 한·중 양 국민의 민족분쟁으로 비화시켰다. 만주침략을 앞둔 일제의 한·중 양 국민 이간책이자 분열책이었다. 그래서 중국에서는 한국인 배척운동이, 한국에서는 중국인 배척운동이 봇물처럼 터졌다.

바로 이때 일제는 만주침략전쟁 이른바 '9·18만주사변'을 도발했다. 일제의 야만적인 침략을 막아내기 위해서는 한·중 양 국민이 힘을 합쳐도 쉽지 않은 일인데, 만보산 사건으로 적전분열 양상이 나타난 것이다. 이렇게 되자 김구를 비롯한 임시정부 지도자들은 국무회의를 열어 비상대책을 강구했다. 한·중 양국민의 갈등을 일거에 해소하고 독립운동에 활기를 불어넣기 위한 특공작전을 추진한 것이다. 그 방향은 임시정부 직속 특무조직을 설치해 특공작전을 전개하고, 그 책임을 김구가 맡도록 하는 것으로 정해졌다.

김구는 국무회의 결정에 따라 의열투쟁을 전개할 임시정부의 특무조직으로 1931년 11월 한인애국단을 결성했다. 한인애국단의 단원은 80명 정도이고, 그 가운데 10여 명이 핵심 단원으로 활동했다. 본부는 상해 프랑스조계 패륵로 신천상리(항경리) 20호 안공근의 집으로 하고, 단원 합숙소는 마당로 보경리 4호 임시정부 청사 뒤 살파새로 188호에 두었다. 이들은 김구의 지휘 아래 여러 차례 특공작전으로 의열투쟁을 벌였다. 1932년 1월 8일 이봉창의 일왕 저격 의거와 4월 29일 윤봉길의 홍구공원 의거가 대표적이다.

이 밖에도 한인애국단은 1932년 1월 28일 일본군의 상해 침공, 곧 '1·28상해사변' 직후 특공작전을 추진했다. 1932년 2월 12일 상해 파견 일본군사령부가 설치한 일본 군함 이즈모(出雲)호 폭파 시도, 3월 3일 윤봉길도 참여한 상해 강만비행장 격납고 및 무기고 폭파 계획, 같은 달 이덕주와 유진식의 우가키 가즈시게(宇垣一成) 조선총독 처단 기도, 5월 최흥식과 유상근의 혼조 시게루(本庄繁) 관동군사령관과 야마오카 만노스케(山岡萬之助) 관동청 장관 그리고 만주철도주식회사 총재 처단 기도 등 파상적인 특공작전을 추진했다.

결국 임시정부 직속 한인애국단이 전개한 의열투쟁은 독립전쟁이자 반(反)침략 평화전쟁이었다. 일제 침략의 본거지와 수뇌에 대한 공격이자 응징이기 때문이다. 적의 수도 도쿄와 일왕, 식민통치의 본거지인 조선총독부와 조선총독, 상해 침략의 첨병인 상해 파견 일본군사령부와 사령관, 만주 침략의 전진기지인 관동군사령부와 사령관 공격 등이 그것을 말해준다. 나아가 이는 야만의 침략주의와 제국주의에 맞서 자유와 평화라는 인도주의의 길을 열어가려는 거룩한 몸짓이라고 해도 과언은 아니다.

육군 주만 참의부의 사이토 총독 습격

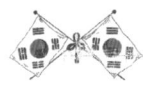

대한민국 임시정부는 초기부터 군사정책을 수립하고 군사활동에 힘써왔다. 「대한민국 임시헌장」에 병역의 의무를 명시하여 국민 개병(皆兵)제 원칙을 공표하고, 행정부서로 군무부(국방부)를 두었다. 여기서 군사정책과 군사활동을 총괄하면서 임시군구제를 시행하고 임시무관학교를 설치하여 무관을 양성했다.

특히 1920년은 '독립전쟁의 해'로 규정하여 남·북만주에 특파원을 파견하여 독립군 부대를 임시정부 산하로 묶었다. 그래서 남만주의 임시정부의 군사기관으로 서로군정서, 북만주의 군사기관으로 북로군정서가 성립한 것이다. 독립운동사에 찬란히 빛나는 청산리 대첩도 이러한 노력으로 이룬 성과라 해도 과언은 아니다.

하지만 일제의 소위 '간도 불령선인 초토화 작전'으로 독립군 부대는 러시아령 연해주나 북만주 밀산으로 피난하지 않을 수 없었다. 더욱이 독립군기지 말살정책의 일환으로 감행된 이른바 '청야작전' 곧 경신참변은 이루 말할 수 없는 피해를 주었다. 일제는 독립군 부대를 물심양면으로 지원하던 한인 마을을 깡그리 불태우고 2만여 명의 한인 동포들을 학살하는 만행을 저질렀다.

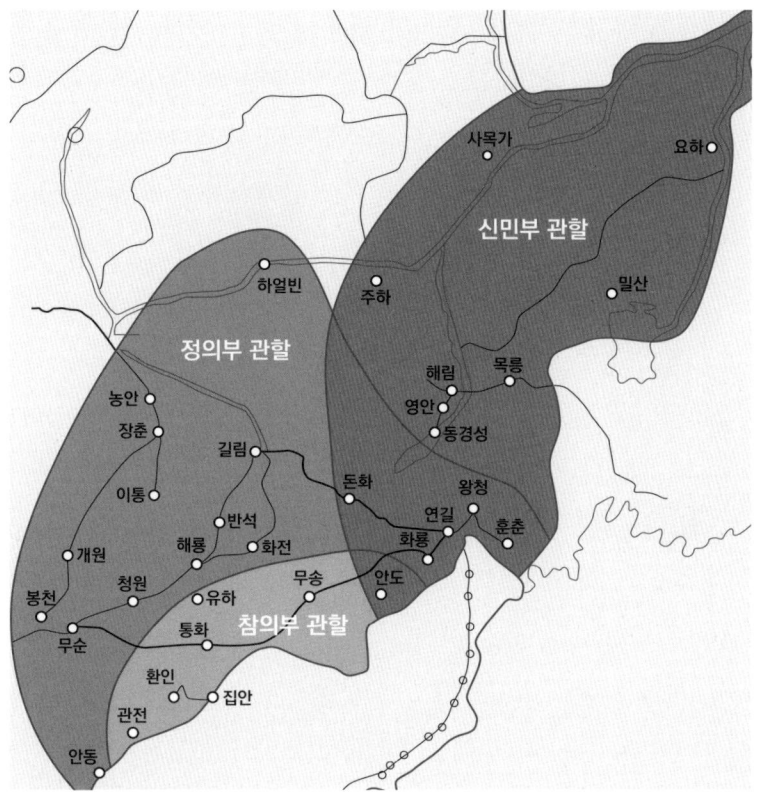

참의부·정의부·신민부 관할도

    그리고 임시정부가 이 상황에 적절하게 대응하지 못함으로써 비난이 빗발쳤다. 그 소리는 대체로 두 가지였다. 하나는 임시정부의 대통령이 위임통치 청원자로 절대독립을 지지하는 '민의'를 수용하기에는 부적합하고, 다른 하나는 독립운동 전략이 외교활동 중심으로 독립전쟁 전략을 요구하는 독립운동계의 '대의'를 수렴하지 못했다는 것이다.

    이 같은 문제를 해결하기 위한 노력으로 독립운동사상 최대의 민족회의로 국민대표회의가 열렸지만, 임시정부를 개편하자는 개조파와 새로운 독립운동 통일기관을 수립하자는 창조파가 대립하여 결렬되고 말았다. 그래서 개조파 가운데 김동삼을 비롯한 일부 세력은 만주로 귀환하여 독립군 조직을 재결성했고, 안창호를 비롯한 일부 세력은 '이상촌건설운동'에 투신했다. 창조파는 약소민족해방운동을 지원하던 레닌 정부의 후원을 기대하고 러시아 블라디보스토크로 이동하여 국민위원회를 조직하고 '한(韓)'정부를 세웠지만, 그것조차 성공하지 못했다. 러시아가 일본과 국교를 정상화하고 1924년 1월 레닌마저 사망함으로써 중국으로 다시 돌아올 수밖에 없었다.

이제 임시정부에는 김구와 이동녕을 비롯한 옹호 유지파만 남아 명맥을 유지하게 되었다. 이같이 절박한 시기에 임시정부를 찾아왔다. 당시 남만주 독립군단체들은 대한통의부로 통합되어 있었다. 그런데 통의부 내의 복벽주의계열과 공화주의계열의 이념 갈등으로 상쟁이 발생하더니, 결국 1923년 2월 복벽주의계열의 전덕원 일파가 이탈하여 대한의군부를 조직하기에 이르렀다. 내분에 격분한 통의부 산하 의용군 제1중대장 백광운(채찬)과 제2중대장 최석순, 제3중대장 최지풍, 제5중대장 김명봉 등은 1923년 8월 부대원들을 이끌고 이탈한 뒤, 대표를 상해로 파견하여 임시정부 직속의 군정부 수립을 요청한 것이다.

임시정부는 즉시 수락하고 남만주 서간도에서 활동한 전력이 있는 양기하를 비롯한 김승학과 이유필 등을 보내 군정부 수립을 돕게 했다. 그래서 1924년 봄 남만주 통화현에서 이 중대장들과 협력하여 군무부 직속 자치행정기구이자 군사기관으로 육군주만참의부가 결성되었고, 6월 26일 임시정부의 승인을 받은 것이다.

이렇게 성립한 참의부는 관할 지역 내의 한인 동포들을 보호하며 자치행정을 펴는 한편, 일제에 대한 무장투쟁을 전개해나갔다. 그 가운데 대표적인 것이 조선총독 사이토 마코토(齋藤實) 습격사건이다. 참의부 독립군은 집안현 화전자(花甸子)에 본부를 두고 무장투쟁을 벌였는데, 임시정부의 직속 부대로 활동했기에 긍지와 자부심이 매우 컸다. 이때 조선총독 사이토는 1924년 6월 제국의회의 개회를 앞두고, 국경 순시를 공개적으로 표명해놓고 있었다. 압록강을 따라 국경을 순시함으로써 식민통치의 안정을 대내외에 과시하고 자신의 위치를 한층 확고히 할 심산이었던 것이다.

이 같은 정보를 입수한 참의부 독립군은 사이토 총독을 공격하여 처단할 계획을 세웠다. 중책은 의용군 제1중대 제2소대장 이의준이 맡았다. 참의장 겸 제1중대장 백광운의 명령을 받은 이의준은 결사대를 조직했다. 그런 다음 5월 19일 웅비호(雄飛號)를 타고 압록강을 따라 내려가며 국경을 순시하던 사이토 총독을 평북 위원군 마시탄(馬嘶灘)의 대안에서 급습했다.

이의준이 이끈 참의부 결사대는 마시탄의 대안인 집안현 사랑곡(四狼谷) 팔합목(八合目)에 잠복하고 있다가 사이토 총독을 향하여 집중 사격을 가했다. 혼비백산하여 우왕좌왕하는 호위선 비조환(飛鳥丸)의 경비병들과 수행원들도 대항 사격을 가해 와 쌍방 간에 치열한 교전이 벌어졌다. 이 틈을 타 사이토 총독을 태운 웅비호가 쏜살같이 줄행랑을 치는 바람에 참의부 독립군은 소기의 목적을 달성하지 못하고 말았다.

결국 참의부 독립군의 사이토 총독 습격 의거는 같은 해 1월 5일 결행된 김지섭 의사의 일왕궁 투탄 의거와 함께 국민대표회의 결렬 이후 침체상태에 있던 독립운동계에 활기를 불어넣어주었다. 이뿐만 아니라 육군 주만 참의부의 존재는 임시정부가 중심이 되어 펼쳐나가던 독립전쟁론의 진정성을 상징하는 것이기도 했다.

이봉창과 윤봉길 의거

독립운동가는 타고난 사람과 만들어진 사람으로 나뉜다. 공자의 말을 빌리면, 독립운동가로 타고난 사람은 생이지지자(生而知之者)이고, 독립운동가로 만들어진 사람은 학이지지자(學而知之者)라고 할 수 있다. 물론 대부분의 독립운동가는 타고난 바탕에 식민체제에서 발로된 반일(反日) 민족의식의 배양으로 탄생한다. 굳이 타고난 독립운동가와 만들어진 독립운동가를 구별해보면, 전자는 윤봉길이고 후자는 이봉창이다. 같은 한인애국단 소속의 의열투쟁가로 임시정부를 살리고 독립운동을 드높이며 인류에게 자유와 평화의 큰 울림을 주었지만, 두 사람은 같은 듯 다른 면이 많다.

임시정부의 특무조직으로 한인애국단을 결성한 직후 최초로 결행한 것이 일왕의 처단을 노린 이봉창 의거이다. 의열투쟁 가운데서도 침략 원흉이자 최고 수뇌인 일왕을 직접 처단하려던 것은 이봉창 의거가 유일하다. 이 점이 이봉창 의거가 갖는 가장 큰 의의이다. 더욱이 이봉창 의사가 평범한 가정에서 태어나 식민교육을 받고 '신(新)일본인'으로 살려다 독립투사로 거듭나는 과정은 공자가 말한 학이지지자의 전형이다.

이봉창은 1901년 서울 용산에서 태어나 문창공립보통학교를 졸업하고 용산역에 일자리를 얻어 직장생활을 했으나, 일본인과 동등한 대우를 받지 못했다. 차별 대우로 불만이 커져가자 직장을 그만두고 일본으로 건너갔다. 여기서 민족의식이 크게 각성되는 계기를 맞이했다. 1928년 일왕 즉위식을 참관하려다 구금된 사건이 바로 그것이다.

이봉창 의사

이봉창은 1928년 11월 교토에서 거행되는 일왕 히로히토의 즉위식을 구경하기 위해 친구와 함께 교토에 갔다가 영문도 모른 채 붙잡혀 유치장에 11일 동안 갇혀 지냈다. 호주머니 속에 들어 있던 한문과 한글이 섞인 편지 때문이었다. 유치장에 갇혀 있던 이봉창은 11일째 되는 날 석방을 요구했더니, 일본 경찰이 "네가 가지고 있던 편지를 읽을 수 없어 지금까지 풀어주지 못했는데 네가 일본어로 읽을 수 있느냐"고 물었다. 이에 이봉창이 일본어로 읽자 석방해주었다고 한다.

이 사건은 이봉창의 마음속에 싹트고 있던 반일감정과 민족의식에 불을 지핀 결정적인 계기가 되었다. "아, 나는 왜 이렇게 불행하게 태어났는가. 일왕의 얼굴을 본답시고 하루 벌어 하루 먹고사는 처지에 하루 일을 쉬면서 오사카에서 교토까지 왔는데, 마치 돈 써가면서 교토의 유치장을 구경하러 온 꼴이 되고 말았다"는 말이 이를 대변해준다. 어려운 생활 속에서도 '신일본인'으로 살아가던 이봉창의 인생 행로를 뒤바꾸어놓은 계기가 바로 이 사건이고, 이봉창이 일왕의 처단 의거도 여기서 비롯되었다.

이봉창은 일본인처럼 살아보았지만, 그것은 고통이었다. 그래서 이봉창은 '신일본인'으로서의 삶을 포기하고 '대한국민'으로 살아갈 각오를 하고 상해로 갔다. 1931년 1월 중순 상해에 도착해 이봉창은 곧바로 임시정부를 찾아갔지만 의심을 받았다. 아는 사람도 없었고, 누가 소개해준 것도 아니기 때문이다.

일본말과 한국말을 섞어가며 말하고, 행색조차 일본인과 흡사한 그를 누구도 믿지 않았다. 자신에 대한 의심을 아랑곳하지 않고 이봉창은 자주 임시정부 청사를 찾아가, 청년들과 이야기를 나누곤 했다. 어느 날 이봉창은 청년들과 함께 술을 마시며, "왜놈 황제를 도살하기는 극히 용이한데 왜 독립운동자들이 이것을 실행하지 않느냐"면서, 일왕을 처단할 수 있다는 말을 했다.

김구는 이 말을 전해 듣고 이봉창을 찾아가 본마음을 떠보았다. 이봉창은 김구에게 자신이 살아온 길과 자신이 하고 싶은 일을 다 털어놓았다. 이봉창의 말은 김구를 감동시켰다. 일왕 처단을 위한 준비는 김구가 맡았다. 중국군으로 복무하며 상해 병공창 주임을 맡고 있던 김홍일을 통해 여러 번의 실험 끝에 두 개의 폭탄을 마련했다. 하나는 일왕을 폭살하기 위한 것이고, 다른 하나는 자결용으로 준비한 것이었다.

1931년 12월 13일 이봉창이 일본으로 떠날 채비를 차리고 찾아오자, 김구는 한인애국단 본부로 이용하던 안공근의 집으로 데리고 가 입단시키고 기념 사진도 찍었다. "우리 한인애국단에 최선 가입한 단원이 이봉창 의사다." "그가 우리 한인애국단의 최선봉장"이라고 언급한 데서 짐작할 수 있듯이, 김구는 이봉창과 함께 일왕 처단을 추진했다.

이봉창은 김구가 준비한 두 개의 폭탄과 자금을 받아서 1931년 12월 17일 상해를 떠나 고베를 거쳐 22일 도쿄에 도착했다. 여기서 1932년 1월 8일 일본 육군의 신년 관병식이 거행된다는 것과 이 행사에 일왕이 참석한다는 사실을 알게 되었다. 이봉창은 즉시 김구에게 전보를 쳐서 1월 8일에 거사하셨다는 뜻을 알렸다.

　1월 8일 예정대로 도쿄의 요요기연병장에서 관병식이 열렸다. 무력시위를 통해 일본의 군사력을 과시함으로써 만주 침략으로 비등하는 국제사회의 비판 여론을 잠재우려는 의도였다. 이봉창은 관병식을 마치고 환궁하는 일왕을 저격하고자 경시청 앞으로 갔다. 이봉창이 도착했을 때, 일왕의 마차 행렬이 경시청 정문 앞을 막 통과해 앵전문, 곧 사쿠라다몬으로 향하고 있었다. 이봉창은 일왕을 향해 폭탄을 던졌다. 폭탄은 일왕의 마차 뒤쪽에서 커다란 폭음을 내며 폭발했다. 궁내부대신이 타고 가던 마차가 손상되고, 일왕의 행렬은 아수라장이 되고 말았다.

　이봉창은 일왕을 노렸지만 처단하지는 못했다. 하지만 일본의 수도 한복판에서, 그것도 경시청 정문 앞에서 일본인이 신성시하는 일왕을 향해 폭탄을 투척한 사실만으로도 엄청난 사건이 아닐 수 없었다.

　이봉창 의거에 대한 반향은 중국에서 아주 컸다. 일제의 만주침략으로 고조되던 반일감정이 이봉창 의거로 폭발했기 때문이다. 하지만 일본은 이봉창 의거를 자성의 계기로 삼은 것이 아니라, 오히려 군국주의를 강화하고 중국 침략의 구실로 삼아 '상해사변'을 도발하고 말았다.

> 우리 청년 시대에는 부모의 사랑보다 형제의 사랑보다 처자의 사랑보다도 일층 더 강의(剛毅)한 사랑이 있는 것을 각오하였다. 나의 우로(雨露)와 나의 강산과 나의 부모를 버리고라도 이 길을 간다는 결심이다.

　중국 청도에서 어머니에게 올린 윤봉길의 편지이다. 집으로 돌아오라는 어머니의 간곡한 말씀에 대한 답신이기도 하다. 부모와 형제 그리고 처자에 대한 사랑보다 더 굳세고 아름다운 사랑이 있다니 그것이 무엇인가. 생략되어 있지만, 짐작컨대 나라와 겨레에 바치는 뜨거운 사랑일 것이다.

윤봉길이 타고난 독립운동가이자 의열투쟁가라는 사실을 증명하는 데 여기에 더 무슨 말이 필요할까.

임시정부의 특무조직인 한인애국단이 전개한 의열투쟁의 최대 성과는 윤봉길 의거이다. 윤봉길은 경술국치 바로 직전인 1908년 충남 예산에서 태어났다. 덕산공립보통학교에 다니다 1919년 3·1운동이 일어나자 12살의 어린 나이에 자퇴했다. 일제의 식민교육을 거부한 것이다. 그리고 전통 유학자인 성주록의 문하에 들어 오치서숙에서 수학했다. 이때 성주록은 사육신의 한 사람인 매죽헌 성삼문의 의기를 본받으라는 뜻으로 윤봉길에게 '매헌(梅軒)'이라는 호를 지어주었다고 한다.

1926년 윤봉길은 농촌계몽운동에 뜻을 두고 자신의 집 사랑방에 야학을 개설했다. 인근 청소년은 물론 부녀자들까지 모아 한글을 가르치면서 문맹 퇴치와 민족의식 고취에 심혈을 기울였다. 1928년 부흥원과 1929년 월진회를 연달아 설립하고 농가 소득 향상과 토산품 애용을 위해 공동구판 사업을 벌이는 등 농촌개혁운동을 추진하기도 했다.

윤봉길의 피 끓는 민족의식은 여기에 만족할 수 없었다. 특히 1929년 11월 3일 봉기하여 전국으로 파급된 광주학생독립운동 소식은 윤봉길을 더욱 각성시켰다. "광주고보 민족충돌 사건의 소식을 듣고 끓는 피를 감출 수 없다"고 한 12월 5일자 일기에도 잘 드러난다. 12월 10일 일기에는 "경성 보성고보 학생들이 만세를 부르다. 이들은 만세삼창을 했는데, 첫째는 '일본제국주의 타도 만세!', 둘째는 '약소민족 해방 만세', 셋째는 '노예적 교육철폐 만세'였다. 아아! 가슴이 시원한 소식이구나!"라며 감격한 사실에서도 알 수 있다.

드디어 1930년 3월 6일 윤봉길은 "장부출가생불환(丈夫出家生不還), 대장부가 집을 떠나 뜻을 이루기 전에는 살아서 돌아오지 않는다"는 비장한 글을 남긴 채 중국 망명 길에 올랐다. 중국 청도를 거쳐 1931년 6월 상해

김구와 윤봉길

윤봉길 의거 직후 기념식장

에 도착한 윤봉길은 곧바로 임시정부를 이끌고 있던 김구를 찾아가 독립운동 의지를 밝혔다. 나아가 1932년 '1·28상해사변'을 일으켜 상해를 점령한 일본군의 동정을 주시하다가 김구가 조직한 임시정부의 특무조직 한인애국단에 가입했다.

그러던 중 "1932년 4월 29일 일왕의 생일인 천장절 기념식을 일본군의 상해사변 전승축하식과 겸하여 상해 홍구공원에서 거행할 예정이다"라는 소식을 듣게 되었다. 이에 김구를 찾아가 의기투합해 상해 파견 일본군사령관 시라카와 요시노리(白川義則) 대장과 우에다 겐키치(植田謙吉) 제9사단장과 노무라 기치사부로(野村吉三郞) 제3함대사령관을 비롯한 침략 수뇌들을 응징할 것을 결심했다. "이러한 일이 조선독립을 위해 직접적인 효과는 없다 할지라도 조선인의 각성을 촉구하고, 세계의 여러 나라 사람들에게 조선의 건재함을 알릴 수 있다"고 생각했기 때문이다.

거사 계획은 김구가 맡아 치밀하게 진행했다. 거사 준비가 완료되자 윤봉길은 4월 26일 한인애국단 본부로 이용하던 패륵로 신천상리 20호 안공근의 집에서 '한인애국단 선서식'을 갖고 기념 사진을 찍었다. 의거가 개인 차원의 행동이 아니라 우리 민족의 대의라는 점을 세계에 널리 알리기 위해서였다.

4월 27일과 28일에는 홍구공원을 사전 답사하는 등 만전을 기했다. 중국군 장교로 상해 병공창 주임이던 김홍일의 주선으로 도시락과 물통 모양의 폭탄이 마련되고, 거사 장소는 눈이 시리도록 익혀두었다.

거사일인 4월 29일 아침 윤봉길은 김구와 마지막 아침식사를 하면서 "앞으로 한 시간밖에는 쓸 데가 없다"고 하면서 새로 장만한 시계를 김구의 헌 시계와 바꾸어 찼다. 사지로 떠나는 굳은 의지의 표출이었다. 독립운동을 이끄는 지도자에 대한 예의이자 서로에 대한 무한 신뢰와 교감의 표현이기도 했다. 홍구공원에는 수많은 인파가 운집했고 군경의 경계도 삼엄

했다. 단상에는 시라카와 대장을 비롯하여 우에다 육군중장과 노무라 해군 중장 그리고 주중 일본공사 시게미쓰 마모루(重光葵) 등 침략의 원흉들이 도열해 있었다.

오전 11시 40분 전승축하식 중 일본 국가가 거의 끝날 무렵이었다. 윤봉길은 물통형 폭탄의 덮개를 벗겨 안전핀을 뽑고 군중을 헤치고 나아가 단상 위로 폭탄을 던졌다. 폭탄은 시라카와와 노무라 사이에서 천지를 진동하는 굉음을 내며 폭발했고, 식장은 순식간에 아수라장이 되었다.

일본군의 상해 침공을 30만 중국 정예군도 막지 못했지만, 윤봉길은 단신으로 적진에 들어가 승전축하식장을 불바다로 만들었다. 중국 정부와 인민들은 모두 크게 놀라고 경탄해 마지않았다. 장개석 사령관은 "중국의 백만 대군도 못한 일을 일개 조선 청년이 해냈다"고 감격하면서 임시정부에 대한 전폭적인 지원을 약속했다.

결국 윤봉길 의거는 만주와 상해 점령으로 기고만장하던 일제의 침략 기세를 꺾어버리고 우리 민족의 불굴의 독립의지를 국제사회에 재차 각인시킨 쾌거였다. 만보산 사건으로 야기된 한·중 양국민의 불신과 갈등을 일거에 날려버린 효과도 있었다. 나아가 한·중 항일 연대투쟁의 계기를 마련하고, 임시정부는 다시 독립운동의 구심체로 부활했다.

이동을 거듭하며
연대 투쟁을 모색하다

― 대한민국 임시정부의 대장정 ―

상해를 떠난 대한민국 임시정부

대한민국 임시정부의 특무조직으로 한인애국단이 펼친 의열투쟁은 큰 성과를 거두었다. 국제사회에는 자유와 정의와 평화의 화두를 던졌고, 독립운동계에는 아연 활기를 불어넣었다. 특히 중국 인민의 오해를 불식하여 한·중 항일 연대투쟁의 분위기를 조성했다. 하지만 윤봉길 의거 직후 임시정부의 사정은 긴장의 연속이었고, 고난의 대장정이 기다리고 있었다. 프랑스조계 정부는 더이상 임시정부를 감싸거나 보호할 수 없었다. 일본의 육해군 장성과 고관이 죽거나 부상하고 일본 교민단장이 현장에서 즉사하는 일이 발생했기 때문이다. 윤봉길 의거 당일 일본 경찰은 프랑스조계 보경리 4호에 자리 잡은 임시정부 청사에 들이닥쳤다.

　이동녕을 비롯한 요인들은 김구의 연락을 받고 자리를 피한 뒤였지만, 미처 연락이 닿지 못한 안창호는 상해 대한교민단장 이유필의 집에 갔다가 잡혀 서울로 압송되고 말았다. 독립운동계의 큰 손실이었다. 이뿐이 아니었다. 일본 경찰은 제멋대로 임시정부 청사를 뒤져 닥치는 대로 중요 문서를 가져갔고, 배후 인물인 김구를 잡기에 혈안이 되었다. 김구를 비롯한 임시정부 요인들은 목숨이 경각에 달린 처지였지만, 생명을 부지하고 임시정부의 명맥을 잇기 위해 상해를 떠나야만 했다. 그 길은 임시정부와 김구가 방향을 달리하는 것으로 정해졌다. 함께 움직이면 둘 다 위험했기 때문이다. 아마도 과거 역사의 경험이 그런 결정의 배경이 된 것 같다. 임진왜란을 비롯한 국가변란 시기에는 왕과 왕세자가 조정을 나누어 파천하는 분조(分朝)의 지혜와 DNA가 우리 민족에게는 있었다.

윤봉길 의거 직후 임시정부와 김구의 여정은 과거의 분조 역사를 그대로 살린 것이었다. 김구는 한국독립운동을 후원하던 미국인 피치 목사의 집에 은신하다가 상해와 항주 사이의 작은 시골 마을 가흥으로 피신했다. 절강성(浙江省) 가흥에는 한국독립운동을 후원하는 저보성이 있었기 때문이다. 저보성은 중국의 혁명가로 고위 관료를 지냈고, 당시에는 일제의 만주 침략에 대항해 싸우던 동북의용군 후원회장을 맡고 있었다. 김구가 가흥으로 피신해오자 저보성은 남북호(南北湖) 호숫가에 위치한 양아들 진동생의 집에 거처를 마련해주었다. 일경과 밀정들이 들이닥치면 호수에 띄워놓은 배를 이용하여 급히 피신할 수 있고, 평시에도 배를 타고 남호와 북호를 넘나들며 감시를 피하고 해염·항주·남경 등지로 왕래하기 편했기 때문이다.

임시정부도 윤봉길 의거 직후인 1932년 5월 긴급히 항주로 피신했다. 항주 시기 임시정부를 이끈 인물은 전남 함평 출신 김철이다. 처음 항주에 도착한 김철을 비롯한 정부 요인들은 중국 정부의 도움으로 청태제 2여사에 짐을 풀었다. 이어 항주 서호(西湖) 호숫가 호변촌 23호에 임시정부 청사를 마련했다. 여기서 김철은 국무위원회 재무장과 비서장을 맡아 동분서주하다가 과로로 급성폐렴이 걸려 1934년 48세 장년의 나이로 순국하고 말았다.

한국독립당도 임시정부를 뒤따라 항주로 왔다. 한국독립당은 항주 학사로 사흠방에 본부를 두고 활동하며 기관지 『진광(震光)』을 발행했다. 고난의 항주 시기 임시정부를 유지할 수 있던 것은 국무위원제 지도체제와 한국독립당이라는 존재 덕분이었다. 긴급하고 중요한 사안을 국무위원회

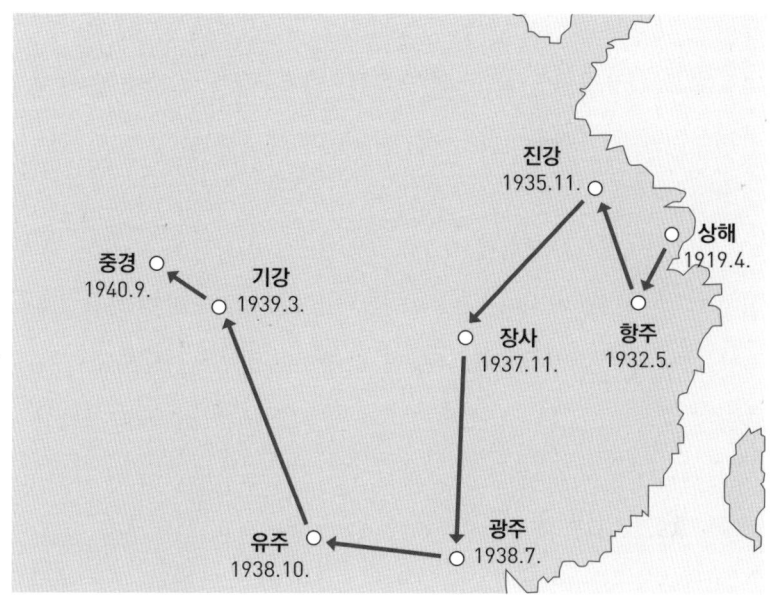

대한민국 임시정부 이동경로

1933년 가흥 피난처에서 김구와 동지들
왼쪽부터 김구·진동생·이동녕·엄항섭

에서 결정하여 집행한 뒤 임시의정원의 추인을 받도록 한 것이 국무위원제 지도체제의 장점이었다. 그래서 항주·가흥·남경 등지에 흩어져 활동하던 국무위원들과 의원들이 적소적기(適所適期)에 회의를 열고 국무를 결정하여 집행할 수 있었다.

한국독립당도 임시정부의 든든한 인적 버팀목이 되었다. 당초 한국독립당은 중국 국민당처럼 이당치국의 입장에서 민족대당을 결성하여 임시정부를 운영하고 독립운동을 주도할 목적으로 1930년 상해에서 조직되었다. 1920년대 중후반부터 전개된 민족유일당운동의 일환으로 성립한 한국독립당은 민족대당을 지향했지만, 실제로는 임시정부의 여당이자 지지정당으로 기능했다. 그래서 각료와 의원의 출입이 빈번하여 회의조차 열기 어렵던 항주 시기에 한국독립당은 임시정부의 인력풀과 같은 역할을 한 셈이다.

항주에 머물던 임시정부는 남경 방향으로 이동하여 1935년 11월 진강에 자리 잡았다. 당초 임시정부는 중국 국민당 정부의 수도인 남경으로 본거지를 옮기려 했다. 하지만 일제가 중국 정부를 외교적으로 압박하며 무력행사도 불사하겠다고 협박했기에 항주와 상해에서 남경으로 들어가는 길목인 진강에 자리를 잡았다. 당시 중국 국민당 정부는 '선안내 후외양(先安內 後外攘)' 정책을 취하고 있었다. 먼저 공산당을 토벌한 후에 외세와 싸운다는 것으로 1927년 제1차 국공합작 파기 이후 중국 국민당 정부의 일관된 노선이었다. 그래서 임시정부를 공식적으로 후원하여 일제에게 침략의 빌미를 주고 싶지 않았을 것이다. 이런 사정으로 임시정부는 본거지를 진강에 둘 수밖에 없었던 것이다.

그럼에도 김구를 비롯한 임시정부 요인들은 남경에 근거지를 마련하고 독립운동을 전개해나갔다. 한편으로는 중국 국민당 정부의 협조와 지원을 얻어 항일 연대투쟁을 모색하고, 다른 한편으로는 임시정부를 유지 강화하여 독립운동의 주도권을 세워나갔던 것이다.

김철

대한민국 임시정부 항주 청사(호변촌)

한·중 연대투쟁과 중경 안착

항주와 진강 시기 임시정부는 안팎으로 어려움을 겪었다. 물론 성과도 있었다. 가장 큰 성과는 중국 국민당 정부의 실권자 장개석을 만나 군사간부 양성의 길을 연 것이다. 이봉창과 윤봉길 의거가 계기가 되어 김구는 1933년 5월 남경에서 군사위원장으로 중국중앙육군군관학교 교장을 겸하고 있던 장개석을 만났다. 여기서 김구는 장개석에게서 한인 청년의 군사간부 양성을 약속받고, 같은 해 11월 중국중앙육군군관학교 낙양분교에 한인특별반을 개설했다. 임시정부 수립 초기 운영하던 대한민국임시무관학교 이후 실로 오랜만에 공식적인 군사간부 양성기관을 개설하게 된 것이다.

일제의 만주와 상해 침략으로 고조된 항일 열기와 그에 불을 지핀 이봉창과 윤봉길 의거로 조성된 중국 정부와 인민의 지지와 성원은 임시정부만 누리는 혜택은 아니었다. 중국 관내에서 활동하던 독립운동가와 혁명가들도 공유할 수 있는 몫이었다. 더욱이 일제의 만주침략과 1932년 3월 만주국 성립 이후 활동 공간을 빼앗긴 만주 지역 독립운동가들이 중국의 수도 남경으로 모여들었다.

이들은 항주와 진강으로 옮겨 다니며 고군분투하던 임시정부와 한국독립당에 참여한 것이 아니라, 각자의 이념과 노선에 따라 독립운동 정당을 결성하여 활동했다. 의열단은 시종일관 임시정부에 대해 비판적 태도를 유지했고, 신익희는 새로 한국혁명당을 창당했으며, 남북 만주에서 발족한 조선혁명당과 (만주)한국독립당도 남경에서 새 둥지를 틀었다. 이 독립운동 정당들은 한국혁명당과 (만주)한국독립당이 합당하여 신한독립당을 결성하는 등 이합집산을 거듭하더니, 드디어 1935년 7월 민족혁명당을 결성했다.

의열단을 중심으로 조선혁명당·신한독립당·대한독립당이 참여한 민족혁명당은 '이당치국론'으로 무장하고 '민족대당'을 내세우면서 임시정부 폐지를 주장하기도 했다. 게다가 임시정부의 여당으로 조소앙이 이끌던 (상해)한국독립당까지 민족혁명당에 가담함에 따라 임시정부는 붕괴의 위기에 빠졌고, 유지 정당도 사라졌던 것이다.

절체절명의 순간에 김구가 움직였다. 김구는 임시정부를 고수하기 위해 1935년 11월 가흥 남호의 배 위에서 임시의정원 회의를 열었다. 여기서 결원된 국무위원을 선출하여 무정부 상태의 임시정부를 수습하고, 곧이어 새로운 유지 정당으로 한국국민당을 창당했다.

이렇게 임시정부는 해소의 위기를 극복하며 재차 유지 정당도 창당하고, 한인특별반 출신으로 특무대독립군을 편성하여 독립운동의 주도권을 회복하고 있었다. 이때 황급히 활동무대를 옮겨야 하는 사건이 발생했다. 1937년 7월 중일전쟁이 터진 것이다. 임시정부는 중일전쟁 발발 소식을 듣고 곧바로 국무위원회를 소집했다. 중국과 일본이 전쟁하는 것은 독립운동가들이 바라는 바였다. 독립전쟁론이란 중일전쟁이나 미일전쟁이나 러일전쟁이 발생하면 일제의 상대 측에 가담하여 연합작전을 벌여 민족독립을 쟁취하는 것이기 때문이다.

임시정부는 국무회의를 열어 긴급히 정치세력 통합을 추진했다. 우파 독립운동 세력만이라도 임시정부를 중심으로 힘을 모아 중일전쟁에 대비해야 했기 때문이다. 그래서 1937년 8월 이청천의 조선혁명당과 조소앙의

장사 조선혁명당 본부(김구 피격지)

한국국민당 창당 기념 사진(1935년 11월 7일)

(재건)한국독립당과 미주 지역 6개 단체와 연합하여 한국광복운동단체연합회(광복진선)를 결성함으로써 전시체제를 마련한 것이다.

중국 정부는 중일전쟁이 본격화하자 11월 중경으로 임시 천도를 결정했다. 이에 임시정부와 요인들도 11월 말 중국 정부의 지원으로 배를 마련하여 남경을 떠났다. 일본군이 남경을 점령하면서 30만 명의 중국 인민을 무참하게 학살한 '남경대학살' 만행을 두 주일 앞둔 긴박한 순간이었다.

임시정부는 다시 대장정에 나서 진강에서 장사로 옮겨갔다. 다음해 7월까지 채 1년이 되지 않은 임시정부의 장사 시기가 시작된 것이다. 장사로 이동은 곡물가격이 싸고 홍콩을 통해 국제통신을 접하기 편리한 곳이라는 판단에서 나온 선택이었다. 호남성 성도 장사에 도착한 임시정부는 1938년 5월 '남목청사건'이라 불리는 총격사건에 휘말렸다. 3개 우파 독립운동 정당 대표들이 통합을 논의하던 조선혁명당 당사에서 피습을 당한 것이다.

한국국민당의 김구와 조완구, 조선혁명당의 이청천과 현익철과 유동열, (재건)한국독립당의 조소앙과 홍진 등이 회의를 진행하던 중이었다. 그런데 조선혁명당원 이운한이 권총으로 3당 대표들을 공격하여 사달이 벌여졌다. 통합 논의에 대한 불만과 밀정의 사주로 벌인 총격 사건으로 김구·현익철·유동열·이청천이 차례로 피습되었다. 현장에서 현익철은 사망하고, 김구는 절명 상태에 빠져 상아병원으로 긴급히 후송되고, 유동열은 중상을 당하고, 이청천은 경상을 입었다.

김구는 살아날 가능성이 없어 보였는데, 다행히 총알이 심장 바로 앞에서 멈춰 구사일생으로 목숨을 건졌다. 장개석은 김구의 피격 소식을 듣고 친서와 치료비를 보내는 등 각별한 관심을 표시했고, 호남성 주석 장치중도 병원을 찾아와 치료에 만전을 다하도록 당부했다.

하지만 장사에서의 생활은 오래 가지 못했다. 일본군이 장사를 공격해 왔기 때문이다. 다시 임시정부는 1938년 7월 대장정에 나서 장치중이 마련

광주 시기 임시정부 청사 동산백원

해준 기차 편으로 장사를 떠나 광동성 광주로 이동했다.

광주는 중국 국민혁명의 성지이다. 신해혁명을 이끈 손문의 고향이자 중국 국민당과 호법 정부가 출범한 곳이기 때문이다. 더욱이 손문의 호법 정부는 1921년 대한민국 임시정부를 정식으로 승인했다. 러시아 레닌 정부에 이어 두 번째로 승인함으로써 임시정부의 국제적 위상을 높여준 것이다.

이때 임시정부 외무총장 신규식에게 손문은, "한·중 양국은 본래 형제의 나라이고 오랜 역사관계가 있어 잠시도 분리될 수 없으니 마치 서방의 영·미와 같습니다. 한국의 복국운동에 대하여 중국은 마땅히 원조할 의무가 있음은 말할 필요가 없습니다"고 하면서 한국독립운동에 대한 적극적인 지원 의사를 드러냈다.

이뿐 아니라 1924년 제1차 국공합작 직후 여기에 황포군관학교와 중산대학이 설립되자 한국 청년들이 대거 입학했다. 걸출한 독립운동가 가운데 김원봉과 박건병은 물론 김성숙·김산(장지락)·이육사 등 이 학교 출신들이 많았다.

당시 광동성 주석은 오철성이었다. 손문과 같은 고향인 광동성 향산(중산) 출신인 오철성은 임시정부에 매우 호의적이었다. 장개석과 장치중의 특별한 부탁이 있었기 때문이다. 게다가 오철성은 1932년 1월 상해사변, 즉 송호전쟁 시기 상해시장이었다. 그래서 임시정부에 대해 잘 알고, 윤봉

유주에서 결성된 한국광복진선청년공작대(1939년 4월)

유주 시기 임정 요인이 묵었던 낙군사의 현재 모습

길 의거도 직접 목격한 까닭일 것이다. 광주에 도착하자마자 임시정부가 동산백원(東山柏園)에 근거지를 마련하고, 가족들이 아세아여관에 묵을 수 있던 것도 오철성의 호의가 크게 작용했다.

하지만 임시정부의 광주 시기는 오래 가지 못했다. 일본군의 광주시내 폭격이 시작되었기 때문이다. 일본군은 북경과 천진을 함락한 뒤 대륙타통(大陸打通) 작전을 구사하고 있었다. 북경에서 광주에 이르는 주요 도시를 점령하여 이들을 점(거점)과 선(철도)으로 연결하는 군사작전이었다. 일본군의 공습이 계속되자 임시정부는 거처를 광주 시내에서 벗어난 작은 시골 도시 불산(佛山)으로 잠시 옮겼다.

그런데 긴급한 상황이 발생했다. 일본군이 광동성에 상륙한 것이다. 그래서 광주에 도착한 지 세 달만에 허겁지겁 짐을 꾸려 광동성을 빠져나왔다. 오철성이 교통편을 마련해주어 그나마 이동이 가능했다. 연로한 이동녕을 비롯한 임시정부 요인과 가족들 100여 명이 버스와 배로 광동성 북서쪽 내륙 깊숙한 곳으로 재차 대장정에 나선 것이다. 1938년 10월 도착한 곳이 바로 광서성 유주였고, 다음 해 4월까지 6개월 간 머물렀다.

유주에서 임시정부와 요인들은 낙군사(樂群社)라는 여관에 자리 잡았다. 여기서 1939년 2월 임시정부는 한국광복진선청년공작대라는 무장투쟁조직을 결성했다. 임시정부 지지 정당인 한국국민당·(재건)한국독립당·조선혁명당 등 우파 항일 연합전선인 한국광복운동단체연합회(광복진선) 소속의 청년들이 일본군과의 무장투쟁을 위해 발족한 것이다. 좌파 항일 연합전선인 조선민족전선연맹(민족전선)이 1938년 10월 조선의용대라는 무장부대를 결성한 직후였다.

한국광복진선청년공작대는 유주에서 항일 선전활동을 펼치면서 장차 광복군으로 발전을 기약하고 있었다. 반일전쟁을 주제로 하는 연극과 시가행진으로 중국 인민의 항전의식을 고취하고, 의연금을 모아 부상당한 중국

기강에서 결성된 한국청년전지공작대(1939년 11월)

장병들을 위문하는 등 선무활동을 펼친 것이다.

유주 시기 김구는 임시정부와 가족들을 임시 피난수도인 중경으로 이동하는 문제를 중국 정부와 교섭했다. 중국 정부는 김구의 요청을 들어주었지만, 임시정부는 중경으로 바로 들어가지 못했다. 중경에서 거처를 마련하기 어려웠기 때문이다. 당시 중경은 인구 20만에 불과한 소도시였다. 그런데 중경이 임시 피난수도가 되자 각지의 정부기관과 피난민들이 모여들었다. 갑자기 인구가 200만 명 이상으로 급증하여 심각한 주택난과 물가 폭등 현상이 발생한 것이다. 임시정부가 유주에서 중경으로 바로 가지 못하고, 중경의 코앞인 소도시 기강에 자리 잡게 된 이유이다.

임시정부는 1939년 4월 유주를 떠나 기강에 도착했다. 1년 6개월간의 기강 시대가 열린 것이다. 여기서 임시정부는 독립운동 세력 통합과 광복군 결성을 준비해나갔다. 1939년 8월 '7당 회의'와 '5당 회의'를 열어 정당 통일운동을 펴고, 11월 청년들을 규합하여 한국청년전지공작대를 결성하면서 서안으로 군사특파단을 보낸 사실이 잘 말해준다.

임시정부가 대장정의 마지막 종착지인 중경으로 옮긴 때는 1940년 9월이다. 1932년 5월 상해를 떠나 중경에 정착하기까지 임시정부의 대장정 기간은 8년이 넘고, 그 거리는 3만 리에 달한다. 중국 공산당의 대장정이 1934년 10월 서금을 떠나 1936년 10월 연안에 도착하기까지 2년이고, 거리도 1만 리 안팎인 것에 비해 봐도 그야말로 대단한 역정이라고 할 수 있다.

고난의 대장정이었지만 김구를 비롯한 임시정부 요인들은 100여 명의 대가족을 이끌고 일본군의 공습을 피해가며 불굴의 의지로 임시정부의 법통을 지키고 본격적인 독립전쟁을 준비했다. 중국 정부와 공동항일투쟁의 기반을 닦고, 우파 독립운동 세력의 연합 전선을 구축하고, 군사간부를 양성하며 무장부대를 조직해간 것이다.

그 결과 중경 시기 한국광복군을 창설하여 대일 선전포고를 발표하고,「대한민국 건국강령」을 선포하여 새 국가 건설의 청사진을 밝히고, 좌우 통일의회와 연합정부를 형성할 기반을 마련한 것이다.

정당통일운동의 전개

한국독립운동의 최대 덕목은 대동단결이자 항일민족전선의 통일이었다. 이는 국제적 위세와 최강의 무력을 보유한 제국주의 열강 가운데 하나인 일본을 상대로 하는 독립운동이기에 생겨난 자연스러운 이치였다. 과학적 전술을 따지기 전에 우세한 적과 싸우기 위해 민족 역량을 합쳐야 한다는 것은 매우 기본적인 행동철학이라는 뜻이다.

그렇지만 이를 달성하기는 쉽지 않았다. 우선 독립운동의 동지를 모으기 어려웠다. 일제의 탄압과 밀정의 눈초리를 피해야 했기 때문이다. 누가 적인지 동지인지 모르는 상황에서 드러내놓고 독립운동을 전개할 수는 없었다. 그러다 보니 독립운동 세력이 지역 연고나 투쟁 방략이나 운동 이념 등으로 묶이고 엮여 각개 약진하는 형세였다.

물론 백화제방(百花齊放)식으로 투쟁하는 것도 의미가 크지만, 일사불란하게 대오를 갖추어 항일 전선에 나서는 것이 더 효과적이고 파괴력이 있음은 불문가지의 사실이다. 그래서 독립운동의 현장에는 항상 대동단결을 주장하고 민족전선을 통일하려는 노력이 경주되었다. 한말 독립운동을 반성하는 의미도 있었다. 일제의 침략에 한편에서는 즉각적인 무장투쟁인 의병항쟁으로 맞서고, 다른 한편에서는 장기적인 실력양성운동인 계몽운

조선의용대 성립 기념 사진(1938년 10월 10일, 중국 무한)

한국독립당 중앙집감위원(1940년 5월)

동으로 대응함으로써 민족 역량을 결집하지 못해 경술국치를 당했다는 뼈 아픈 자기 성찰도 있었기 때문이다.

독립운동 내내 통합 임시정부를 만들고 국민대표회의를 열고 민족유일당운동을 추진하고, 민족연합전선운동을 펴고 독립운동 정당 통일운동을 전개한 이유도 바로 여기에 있다. 하지만 대동단결을 구축하는 일은 대단히 어려웠고, 성과도 그리 크지 못했다. 그렇다고 해서 포기하거나 그만둘 수 있는 일도 아니었다. 국민대표회의 결렬 이후 1920년대 중후반 민족유일당운동의 성과는 우파 독립운동 정당인 한국독립당을 창당하는 일로 만족해야 했다. 1930년대 초중반 민족연합전선운동도 일시 '단일대당'으로 민족혁명당을 결성하는 데까지 갔지만, 곧 우파 독립운동 세력이 연달아 이탈하여 각기 독립운동 정당을 창당하고 말았다. 그래서 민족혁명당은 좌파 독립운동 정당인 '조선민족혁명당'으로 축소되었던 것이다.

이제 독립운동 정당은 중일전쟁 직전 임시정부를 둘러싸고 여당과 야당, 이념과 노선에 따라 우파와 좌파 정당으로 정립한 상황이었다. 임시정부의 여당으로는 김구의 한국국민당을 중심으로 조소앙의 재건한국독립당과 이청천의 조선혁명당이 한편을 이루고, 야당으로는 김원봉의 조선민족혁명당이 존립했다. 이념으로 보면 한국국민당과 한국독립당과 조선혁명당은 우파 정당이고, 조선민족혁명당은 좌파 정당이었다.

이렇게 분립한 독립운동 정당의 형세에 일대 변화의 바람이 불어왔다. 강풍은 1937년 7월 7일 중일전쟁의 발발과 곧이은 제2차 국공합작의 가동이었다. 일제가 본격적으로 중국 대륙을 침략하자 중국 국민당 정부는 중국 공산당과 다시 국공합작을 선언하고 대일항전에 총동원령을 내렸다.

임시정부를 중심으로 하는 독립운동 세력도 항전 태세를 갖추었다. 1937년 8월 임시정부의 여당인 한국국민당을 중심으로 한국독립당과 조선혁명당 등 우파 독립운동 세력이 한국광복운동단체연합회를 결성한 것이다.

장개석

다른 한편으로 같은 해 11월 조선민족혁명당을 중심으로 조선민족해방동맹과 조선혁명자연맹 등 좌파 독립운동 세력도 조선민족전선연맹을 결성했다. 이들 좌우 연합단체는 상호 연대를 모색하는 한편 각기 독립운동 정당 통일운동을 전개했다.

우선 임시정부의 여당인 한국국민당을 중심으로 우파 독립운동 정당인 한국독립당과 조선혁명당이 1938년 5월 장사 남목청에서 통합 회의를 열었다. 이 회의는 통합에 반대하는 조선혁명당원 이운한이 밀정의 사주로 회의장을 공격하여 한국국민당 대표 김구가 총상을 당하고, 조선혁명당 대표 현익철이 절명하는 사태가 발생함에 따라 성과 없이 끝나고 말았다. 이후 좌우연합단체는 정당 통일운동보다 대일 항전을 위한 무장부대 편성에 힘을 쏟았다. 그 결과 조선민족전선연맹은 1938년 10월 10일 무한에서 조선의용대를 발족하고, 한국광복운동단체연합회는 1939년 2월 유주에서 한국광복진선청년공작대를 편성했다.

이들 단체의 통일이 지지부진하자 중국 국민당 정부와 장개석이 나섰다. 특히 장개석은 김구와 김원봉을 초대하여 좌우연합단체의 통일을 강력하게 요구했다. 김구와 김원봉이 1939년 5월 10일 함께 발표한 「동지 동포에게 보내는 공개 통신」은 이렇게 해서 나온 것이다. 여기서 두 사람은 '전 민족적 통일기구'의 조직과 '무장부대의 통일', 10개조의 '정치정강'을 제시했다.

이에 따라 같은 해 8월부터 기강에서 '7당통일회의'가 열렸지만, 각 정당과 단체를 해산한 뒤 새로운 정당을 결성하자는 단일당 방식 조직론과 기존 정당 단체를 유지하는 연맹 방식 조직론이 맞서 결렬되었다. 연맹 방식을 고집하던 조선민족해방동맹과 조선청년전위동맹이 이탈한 뒤 남은 우파 한국국민당과 한국독립당과 조선혁명당, 좌파 조선민족혁명당과 조선혁명자동맹이 '5당통일회의'를 열었지만, 이마저도 성공하지 못했다.

결국 좌우 독립운동 정당의 통일은 차후로 미루고, 우파 독립운동 정당만이 해체 통합하여 1940년 5월 9일 이른바 '중경' 한국독립당이라고 하는 '통합' 한국독립당이 발족했다. 이로써 임시정부를 뒷받침하는 강력한 여당이자 우파 독립운동 세력의 결집이 이루어졌다.

조국광복과 민족독립의 꿈을 실현해 나아가다

― 중경 시기 대한민국 임시정부의 활동 ―

한국독립당과
한국광복군의 창설

1940년 5월 우파 3당 통합으로 결성된 중경 한국독립당의 뿌리는 상해 한국독립당이다. 임시정부의 여당이자 지지 정당으로 성격도 같았다. 1930년 창당 이후 상해 한국독립당은 상해와 항주 시기 임시정부와 표리관계를 이루며 온갖 고난을 극복했다. 중경 한국독립당 역시 마찬가지였다. 1940년대 독립운동은 당(黨)·정(政)·군(軍)이 삼위일체를 구축해 대일항전을 전개한 특징을 가지고 있다. 곧 중경 한국독립당과 임시정부와 한국광복군이 선순환의 당·정·군 체제를 형성하여 광복의 날을 열었다. 그리고 당·정·군 체제를 다진 가장 든든한 버팀목이야말로 중경 한국독립당이었던 것이다.

사실 중경 한국독립당은 1930년대 지속된 민족연합전선운동과 정당통일운동을 거듭하던 우파 독립운동 세력의 통일체였다. 큰 줄기는 상해 한국독립당과 한국국민당 그리고 재건한국독립당을 계승하고, "3·1운동의 정맥을 계승한 민족운동의 중심적 대표 정당"임을 자임했다. 당책으로 "임시정부를 옹호 유지한다"고 하여 임시정부의 여당으로 역할을 맡았다.

중경 한국독립당의 중심세력은 대개 임시정부에서 활동한 김구와 이시영·조소앙·조완구·송병조·차리석 등과 만주 독립군 출신 이청천·유동열·최동오·김학규 등으로 구성되었다. 특히 독립군 출신의 참여는 중경

한국광복군총사령부 성립 전례식(1940년 9월 17일, 중경)

한국독립당이 한국광복군을 조직하는 원동력이었다. 이들이 바로 한국광복군 창설의 근간을 이루었다. 그래서 중경 한국독립당 창당과 한국광복군 창설로 당·정·군 체제가 갖춰지면서 당과 군을 기반으로 하는 임시정부의 위상이 높아졌고, 독립운동 역량도 크게 강화되었다.

중경 한국독립당의 조직체계는 전당대표대회, 중앙당부로 중앙집행위원회와 중앙상무위원회와 중앙감찰위원회, 지(支)당부와 구(區)당부와 특별당부가 계선으로 짜여졌다. 전당대표대회는 중앙간부의 인선, 당의와 강령을 비롯한 정책 및 활동 방향을 심의 의결하는 당의 최고 의결기구이자 권력기관이다.

중앙집행위원회는 당의 실질적 대표기구이자 집행기관이었다. 이는 당의 최고 집행기관으로 대외관계와 사무, 각종 기관 설치, 당무 집행, 일체의 공작 등을 지도하는 핵심기구이다. 보통 10~15명의 중앙집행위원으로 구성되었다. 대표자는 중앙집행위원장으로 김구(1940.5~1943.5)와 조소앙(1943.5~1945.7)이 연이어 맡았고, 1945년 7월부터는 김구 위원장과 조소앙 부위원장 체제로 운영했다. 실무는 중앙집행위원회 산하에 비서부·조직부·선전부·훈련부·재무부 등 5부를 두고 처리했다.

중앙집행위원회의 폐회 시기에는 중앙상무위원회가 직무를 대행했고, 중앙감찰위원회는 "당의 회계를 심사하며 결의를 검사하고 당무의 진행과 당원의 규정 준수 여부와 근태를 감찰"하는 일을 맡았다.

독립운동 정당의 이념과 노선은 구성원 간의 응집력인 동시에 정당이 지향하는 목표와 활동 방향을 제시한다. 이는 대개 정강과 정책으로 표현된다. 정강은 정당이 추구하는 장기적 목표이고, 정책은 당면 목표를 구체화한 것이다.

중경 한국독립당의 이념과 노선은 상해 한국독립당에서 정립된 것이 일관되게 유지되었다. 그래서 지향하는 목표와 활동 방향은 삼균주의에 근거하고 있다. 삼균주의는 정치·경제·교육의 균등을 통해 개인과 개인의 균등을 실현하고, 이를 기반으로 민족과 민족, 국가와 국가의 균등을 이루며, 나아가 세계 일가를 추구한다는 것이다.

중경 한국독립당의 이념과 노선 또한 삼균주의를 기초로 신민주국을 건설하고 균등사회를 실현하는 것으로 집약된다. 이는 정치적 지향점이자 광복 후 수립할 신국가 건설의 기본 방향을 천명한 것이기도 하다. 정치·경제·교육의 균등을 확보하여 전 민족 최대 다수의 행복을 실현할 수 있는 국가와 사회를 건설하려는 것이 궁극 목표였다.

이를 위해 당강에서 정치적으로는 "보통선거제를 실시하여 국민의 참정권을 균등히 하고 기본 권리를 보장할 것", 경제적으로는 "토지 및 대생산 기관을 국유로 하여 국민의 생활권을 균등히 할 것", 교육은 "생활상 기본 지식과 필요 기능을 습득하기 위해 충분한 의무교육을 공비로서 실시하고 국민의 수학권(受學權)을 균등하게 할 것"을 규정했다. 1941년 11월 임시정부가 발표한 「대한민국 건국강령」은 이 같은 한국독립당의 신국가 건설 이념과 노선이 구체화되고 체계화된 것이다.

중경 한국독립당은 기관지로 『독립평론』과 『한국독립당당보』와 『통고(通告)』 등을 발간했다. 이를 통해 삼균주의 건국 이념을 전파하고 임시정부를 중심으로 하는 독립운동 소식을 널리 알렸다. 더욱 주목되는 것은 중경 한국독립당이 활동 방침을 "무장투쟁을 통한 전면적 혈전" 노선을 확립하고, 이를 위해 한국광복군 창설을 추진한 사실이다. 중일전쟁으로 대일항전을 전개할 유리한 조건이 조성되고, 조선민족혁명당이 조선의용대를 조직하여 군사활동을 개시한 데서 촉발된 것이기도 했다. 한국광복군 조직 문제는 3당 통합 과정에서 진작 결정되었다. 당책으로 "장교 및 무장부대를 통일 훈련하여 광복군으로 편성한다"고 합의하여 광복군 창설을 당면 목표 가운데 하나로 결정한 것이다.

우선 중경 한국독립당은 '광복군편성계획'을 수립하여 중국 정부와 협의했다. 하지만 중국 정부가 주저하자 독자적으로 편성하기로 하고 광복군 창설 계획을 임시정부로 넘겼다. 그리하여 1940년 9월 대한민국 임시정부의 국군으로 창설한 것이 바로 한국광복군이다. 이로써 임시정부는 당·정·군 체제를 확립하여 연합군의 일원으로 중일전쟁은 물론 제2차 세계대전과 태평양전쟁에 참전할 수 있는 여건을 마련했다.

당·정·군 체제는 대한민국 임시정부의 국군으로 한국광복군을 창설하면서 완성되었다. 임시정부의 독립전쟁 전략은 국군을 창설해 적당한 시기, 곧 중일전쟁이나 러일전쟁 혹은 미일전쟁이 일어나면 일제의 상대방과 연합작전을 벌여 민족독립을 쟁취한다는 구상이었다. 수립 당시 발포한 「대한민국 임시헌장」에 국민 모두에게 국방의 의무를 부여하는 '국민개병제'의 원칙을 천명한 것도 이를 위한 것이다.

임시정부는 끊임없이 무장부대의 창설과 독립전쟁을 추진했다. 수립 당시부터 군무부를 두고 육군무관학교를 설치 운영하며 무관을 양성하고, 남·북만주의 유력한 독립군 조직을 서로군정서와 북로군정서로 편제하여 청산리 대첩을 이뤄냈다. 삼부 시기에도 군무부 직속의 '대한민국 임시정부 육군 주만 참의부'를 두고 압록강을 순시하던 사이토 총독을 저격하는 전과를 올리기도 했다.

한국특무대독립군도 있었다. 윤봉길 의거 직후 장개석의 후원으로 중국중앙육군군관학교 낙양분교에 설치한 한인특별반에서 배출한 무관을 중심으로 김구가 조직한 것이다. 중일전쟁이 발발하자 국군 창설의 요구는 더욱 커졌다. 독립전쟁 전략을 구사할 적기가 왔다고 판단한 때문이다. 조선의용대가 창설되고, 임시정부가 고난의 장정 중에도 유주에서 한국광복진선청년공작대를 편성한 이유도 여기에 있었다.

우파 독립운동 정당이 통합하여 한국독립당을 창당한 직후 드디어 당·

한국광복군 제2지대 신년 경축대회(1941년 1월 1일, 서안)

정·군 체제의 완성이자 임시정부의 오랜 염원이던 한국광복군이 1940년 9월 17일 창설되었다. 한국광복군은 멀리는 외세의 침략에 맞서 '민병'으로 일어난 의병과 대한제국 국군으로 봉기한 '해산 군인'의 정신을 잇고, 가깝게는 신흥무관학교 등 각종 무관학교에서 '민족의 군인'이자 '국민의 군인'으로 양성된 독립군을 계승한 것이다. 그야말로 대한민국 임시정부의 국군으로 '민족의 군대'이자 '국민의 군대'라고 해도 과언은 아니다.

임시정부의 광복군 창설 계획은 중일전쟁 직후 본격화되었다. 1937년 7월 유동열·이청천·김학규·이복원 등을 중심으로 군사위원회를 발족하여 추진한 것이다. 이들은 모두 만주에서 독립군을 조직하여 대일항전을 전개했던 군사 인재였다. 임시정부는 1939년 기강에 도착한 직후 군사위원회를 중심으로 군사활동에 대한 구체적인 계획을 마련하여 실행에 옮겼다. 같은 해 11월 국무회의에서도 독립운동 방략을 결정하면서 광복군 창설을 추진했다. 여기서 "임시정부의 활동 능력과 전투력은 반드시 조직적으로 훈련받은 무장독립군을 통해서만 존재할 수 있다" 또한 "일제와 직접적 독립전쟁을 개시하여 광복을 완성한다"고 하여 무장부대 편성과 독립전쟁 수행을 군사활동의 목표로 설정했다.

한국광복군 창설은 세 방향으로 진행되었다. 첫째는 병력을 모집하는 일로 조성환을 책임자로 하는 군사특파단을 조직하여 서안으로 파견했다. 서안은 일본군이 점령하고 있던 화북 지역과 최전선을 이루는 곳이고, 화북 일대에는 약 20만에 달하는 한인동포들이 이주해 있었다. 이들을 대상으로 병력을 모집하려는 것이었다. 둘째는 재정을 확보하는 일이었다. 임시정부는 미주 대한인국민회 등에 광복군 창설 소식을 알리고, "우리 힘으로 그 기초를 세워놓고 외인(外人)의 힘을 빌리자"고 하면서 재정 지원을 요청했다. 미주동포들도 적극 후원했다. 셋째는 중국 정부를 상대로 교섭하는 일이었다. 중국 국내에서 군대를 편성하는 데에는 중국 정부의 승인과 양해가 있어야 하고, 또 광복군 창설과 운영에 따르는 재정 원조도 필요하기 때문이다.

임시정부는 1940년 5월 광복군 편성 계획서인 「한국광복군편련계획대강(韓國光復軍編練計劃大綱)」을 중국 정부에 제출했다. 여기서 광복군을 편성하여 중국군과 함께 연합작전을 전개할 것이라고 하며, 광복군 편성에 대한 인준과 재정 원조를 요청한 것이다. 그러나 중국군사위원회의 협조는 이루어지지 않았다. "광복군이 중국군과 대등한 관계일 수는 없다"며, 광복군은 중국군사위원회에 예속되어 명령을 받아야 할 것이라고 알려왔다. 임시정부는 강

한국광복군총사령부 정훈처에서 발행한 잡지 「광복」

력히 반발했고, 이로 인해 광복군 창설 문제는 진전을 보지 못했다.

임시정부는 자력으로 광복군을 창설할 방침을 세웠다. 낙양군관학교를 비롯하여 그동안 중국 군관학교에서 양성된 군사간부와 만주에서 독립군을 조직하여 대일항전을 전개했던 독립군 지도자를 중심으로 우선 총사령부를 구성하여 광복군을 창설한다는 것이었다. 총사령부는 만주독립군 출신과 중국 군관학교를 졸업한 군사간부들로 구성했다. 만주에서 한국독립군을 이끌며 대전자령 대첩을 거둔 이청천을 총사령, 청산리 대첩에서 활약한 이범석을 참모장으로 하는 총사령부가 구성되었다.

김구는 1940년 9월 15일 「한국광복군 선언문」을 발표하며 한국광복군총사령부 성립식을 거행한다는 소식을 대내외에 알렸다. 그리고 1940년 9월 17일 중경 가릉빈관에서 "한국광복군총사령부 성립 전례식"을 거행했다. 미주동포들이 보내준 재정 지원이 큰 도움이 되었다.

총사령부의 조직체제는 1940년 10월 공포된 「한국광복군총사령부 조직조례」로 체계화되었다. 총사령부는 임시정부 주석 직할하에 두었다. 통수권(統帥權)이 임시정부 주석에게 있음을 명확히 하고, 광복군이 임시정부의 국군이라는 것을 명문화한 것이다. 광복군은 단위부대로 지대(支隊)를 두었다. 단위부대로 제1지대, 제2지대, 제3지대를 편성한 것이다. 그런데 1941년 1월 서안에서 독자적으로 활동하던 한국청년전지공작대가 편입하여 제5지대가 되었다.

부대편제는 1942년 4월 조선의용대가 편입하면서 대폭 개편되었다. 총사령부에 부사령제가 신설되었고, 조선의용대 대장인 김원봉이 부사령에 임명되었다. 그리고 조선의용대를 제1지대로 편제하고, 기존의 제1지대와 제2지대와 제5지대는 통합하여 새로 제2지대가 되었다. 김학규를 지대장으로 하는 제3지대는 처음에는 편제상으로만 조직되어 있었다. 1942년부터 김학규를 비롯한 대원들은 안휘성(安徽省) 부양(阜陽)을 중심으로 모병 활동을 전개하여 상당한 성과를 거두었다. 일본군 내의 한인사병들이 탈출해 온 경우도 많았다. 이들을 기반으로 1945년 6월 제3지대가 정식 발족되었다. 이로써 한국광복군은 총사령부와 단위부대로 3개 지대를 갖추어 활동하게 된 것이다.

「대한민국 건국강령」 발표

당·정·군 체제를 갖춘 뒤 임시정부는 긴급하게 「대한민국 건국강령」을 반포했다. 광복 후 정식으로 수립할 새 국가의 청사진이었다. 1941년 11월 28일 국무위원회 이름으로 발표한 것이다. 대한민국 임시정부는 말 그대로 '임시'로 세운 국가와 정부였다. 이제 광복하면 '정식'으로 국가와 정부를 다시 세워야 했다. 「대한민국 건국강령」이야말로 다시 세울 대한민국의 기본 설계도라 해도 과언은 아니다.

일찍이 임시정부는 광복 후 세울 정식 국가의 큰 틀을 밝힌 바 있다. 1931년 4월 조소앙이 기초하여 발표한 「대한민국 임시정부 선언」을 통해서였다. 민족유일당운동의 성과로 임시정부의 지지 정당인 한국독립당을 조직한 뒤 발표한 것이다. 여기에 임시정부가 광복 후 건설할 새 국가의 청사진이 나타나 있다. 새 국가의 목표는 특권계급이 존재하지 않는 균등(均等) 사회를 실현한다는 것이다.

방책으로 "보통선거제도를 실시하여 정권(政權)을 균(均)하고 국유제도를 채용하여 이권(利權)을 균하고 공비교육으로써 학권(學權)을 균하며, 국내외에 대하여 민족자결의 권(權)을 보장하여서 민족과 민족, 국가와 국가와의 불균등을 혁제(革除)할지니 이로써 국내에 실현하면 특권계급이 곧 소망

(消亡)하고 소수민족이 침릉(侵凌)을 면(免)하고 정치와 경제와 교육의 권(權)을 균하여 헌지(軒輊)가 없게 하고 동족(同族)과 이족(異族)에 대하여 또한 이러하게 한다"고 했다. 곧 한국독립당의 삼균주의 정치 이념을 반영하여 새 국가건설의 기본 틀을 밝힌 것이다.

당시 임시정부는 한국독립당과 표리관계를 이루고 있었다. 그래서 「대한민국 임시정부 선언」에는 당연히 삼균주의가 투영되었다. 주목할 대목은 한국독립당 정치 이념에는 조소앙의 삼균주의뿐 아니라 안창호의 대공(大公)주의도 녹아 있다는 점이다. 안창호와 조소앙이 한국독립당 창당의 주역으로 정치 이념인 당의(黨義)와 당강(黨綱) 기초위원이고, 삼균주의와 대공주의의 내용이 크게 다르지 않았기 때문이다. 대공주의 또한 "민족평등·정치평등·경제평등·교육평등을 기초로 하는 민주공화국 건설"을 지향하고, 삼균주의보다 더 '평등'에 방점이 있었다.

이렇게 한국독립당과 임시정부의 세계관으로 성립한 삼균주의는 1930년대 민족연합전선운동과 독립운동 정당 통일운동을 통해 좌우 독립운동 세력 공통의 정치 이념으로 자리 잡았다. 일시 단일대당으로 성립한 민족혁명당의 당의에도 삼균주의가 반영된 사실이 이를 잘 말해준다. 그래서 임시정부는 중경 정착 직후 당·정·군 체제를 확립한 뒤 새 국가 건설론으로 「대한민국 건국강령」을 발표한 것이다. 삼균주의에 입각한 새 국가 건설의 청사진을 밝혀 국내외 독립운동 세력을 한데 모으고 본격적으로 전개할 독립전쟁의 역량을 강화하려는 조치였다.

「대한민국 건국강령」은 조소앙이 기초한 뒤 국무회의에서 수정을 거쳐 1941년 11월 28일 공포되었다. 내용은 제1장 총강(總綱) 7개항, 제2장 복국(復國) 10개항, 제3장 건국(建國) 7개항, 모두 3장 24개항으로 구성되어 있다.

제1장 총강은 대한민국의 건국과 통치 이념을 밝힌 것이다. '홍익인간(弘益人間)'의 건국정신과 '토지국유제'의 역사적 전통을 계승해 "혁명적 삼

「대한민국 건국강령」을 발표한 국무위원들
앞줄 오른쪽부터 차리석·이시영·김구·조완구·박찬익, 맨 뒷줄 왼쪽부터 조성환·조소앙

균제도로서 복국과 건국을 통하여 일관한 최고 공리인 정치·경제·교육의 균등과 독립·민주·균치의 3종 방식을 동시에 실시할 것"을 천명했다. 그리고 민족혁명은 복국 - 건국 - 치국의 3단계를 거쳐 최종적으로 세계 일가의 인류평화를 지향하는 것이라 했다.

제2장 복국은 독립운동의 실천 강령을 밝힌 것이다. 임시정부가 수립되어 독립전쟁을 수행하는 때부터 국토를 수복하고 외국과 조약을 체결하는 단계까지를 독립운동으로 보고, 이 시기 추진할 구체적 실천 강령을 규정했다. 제3장 건국은 새 국가 건설 과정과 방안을 밝힌 것이다. 삼균제도의 헌법을 채택해 삼균사회를 실현하기 위해 취해야 할 정치·경제·교육의 균등정책을 구체적으로 제시했다.

「대한민국 건국강령」의 기본 이념은 정치·경제·교육의 균등과 개인·국가·민족의 균등을 핵심 가치로 삼은 삼균주의이다. 임시정부의 새 국가

건설 이념이자 세계관인 삼균주의는 좌우 독립운동 정당은 물론 독립운동 현장의 이념적 최대 공약수로 성립했다. 정치적으로는 민주주의, 사회경제적으로는 토지와 중요 산업의 국유화, 국비 교육 등 사회주의의 평등가치를 수용한 것이기도 하다. 그렇다고 무턱대고 사회주의의 평등사상을 수용한 것은 아니다.

먼저 우리나라는 "우리 민족이 반만년래(半萬年來)로 공동한 언문(言文)과 국토와 주권과 경제와 문화를 가지고 공통한 민족정기를 길러온 우리끼리로써 형성하고 단결한 고정적 집단의 최고 조직"이라는 역사주의 관점에서 민족과 국가의 고유 개념을 만들어냈다. 곧 '반만년 역사 이래 우리끼리 형성하고 단결한 고정 집단'이 '민족'이고, 이 집단의 최고 조직이 '국가'라는 개념을 정립하여 매우 독특한 '고유(固有)주권설'을 주장한 것이다.

여기에 입각하여 '홍익인간'의 건국사상과 토지 국유제의 역사적 전통에서 삼균주의의 근원을 찾았다. 그리고 당시의 사회·경제적 조건과 좌우 독립운동 진영의 세계관을 조제 보합한 것이 바로 삼균주의라 할 수 있다. 구체적으로는 민족주의에 바탕을 두고 사회주의의 평등사상을 수용한 민족통합의 이념이자 행동철학이었다.

결국 삼균주의에 토대를 둔 「대한민국 건국강령」에는 좌우 이념대립을 지양하며 시종일관 대동단결을 추구해온 독립운동 세력의 통합 정신과 의지가 오롯이 담겨 있다. 바로 이것이 곧이어 성립한 좌우 무장부대의 통합과 의회의 통일과 연합정부의 출범을 가능하게 한 사상적 기반이 된 것이다.

대일 선전포고와 군사통일

임시정부가 당·정·군 체제를 갖추어갈 즈음 세계정세는 급변했다. 일제의 중국 침략은 더욱 격화했고, 제2차 세계대전이 발발하여 유럽은 전쟁의 소용돌이에 빠져들었다. 1939년 9월 1일 나치독일의 폴란드 침공으로 시작된 제2차 세계대전은 곧이어 유럽 전역으로 확대되었다. 영국과 프랑스는 연합작전으로 나치독일의 침략전쟁에 맞섰지만 이겨내지 못했다.

이듬해 난공불락으로 알려진 마지노방어선을 우회한 나치독일은 프랑스·네덜란드·벨기에를 점령했고, 영국은 막대한 군사 장비를 버려둔 채 본토로 철수하고 말았다. 그리고 나치독일의 영국 공습이 감행되자 동남아시아에는 힘의 공백이 발생했다. 제2차 세계대전에서 프랑스와 네덜란드가 패전하고 영국이 고전하면서 이들의 동남아시아 식민지는 무주공산이나 다름없는 상태가 되었기 때문이다.

이틈을 노려 일제는 1940년 7월 프랑스 식민지이던 베트남 북부를 침공했다. 중국군에 대한 군사 지원 루트를 차단한다는 이유였다. 못된 꿈과 버릇도 다시 되살아났다. 일제가 가진 터무니없는 꿈은 대아시아주의였고, 못된 버릇은 선전포고도 없이 남의 나라를 침략하는 것이었다.

대아시아주의는 청일전쟁 이후 대두하기 시작한 교묘한 침략논리였

일제의 진주만 공습으로 불타는 미 전함

일제의 진주만 공습으로 불타는 미 해군기지

다. 한국과 중국의 반일의식을 호도하고, 동남아시아 서구 식민지 국가의 독립의지를 이용하려는 것이다. 한마디로 얘기하면 아시아에서 가장 문명화된 일본이 맹주가 되어 동양 삼국은 물론 아시아 여러 나라를 서구 제국주의 열강으로부터 지켜내야 한다는 논리다.

대아시아주의에 의하면 일제의 한국과 중국 침략도 동양을 서구세력으로부터 지키기 위한 이른바 '성전'이 되고, 대동아전쟁도 서구 열강의 식민지 지배 아래 있는 동남아시아 여러 민족을 구원하기 위한 '해방전쟁'이 되는 것이다. 러일전쟁 시기 '극동평화론'이나 제2차 세계대전 시기 '대동아공영론'도 사실 여기에 뿌리를 둔 교언영색의 침략논리에 불과했다.

선전포고도 없이 침략전쟁을 감행하는 일제의 못된 버릇은 청일전쟁이나 러일전쟁에서 이미 드러난 바 있다. 심지어 '만주사변'이나 '상해사변' 그리고 '중일전쟁'처럼 빌미를 조작하여 침략전쟁을 자행한 경우도 많았다. 천재일우와 같은 동남아시아의 힘의 공백을 일제가 그냥 둘 리 없었다. 그래서 획책한 것이 이른바 '대동아전쟁'이었다. 가깝게는 침략전쟁 확대에 따른 군수물자를 확보하고, 멀리는 대아시아주의를 실현하여 이른바 '대동아공영권'을 구축하기 위한 것이었다.

진주만 대공습은 일제가 대동아전쟁을 획책하면서 가장 먼저 도발한 것이다. 동남아시아로 나아가기 위해서는 제해권 장악이 필수적이었다. 그런데 미국이 동남아시아로 나아가는 길목에 위치한 필리핀을 지배하고, 또 진주만에 해군기지를 설치해 제해권을 위협했기 때문이다. 버릇대로 진주만 대공습도 선전포고도 없이, 그것도 현지 시간 1941년 12월 7일 일요일 오전에 감행되었다.

일제는 진주만을 공습하여 태평양전쟁을 도발했고, 이틀 뒤 인도네시아를 침공하여 대동아전쟁을 일으켰다. 이제 제2차 세계대전은 서구 유럽 국가의 전쟁일 뿐만이 아니라 아시아와 태평양 국가의 일이 된 것이다.

당·정·군 체제를 구축하여 중일전쟁에서 중국을 지원하던 임시정부도 가만히 있지 않았다. 더욱이 하와이를 비롯한 미국에는 1만 명 가까운 동포들이 거주하며 임시정부에 대한 재정 지원을 아끼지 않고 있었다.

이제 중일전쟁과 마찬가지로 태평양전쟁도 남의 일이 아니라 우리의 일이었고, 또 전쟁에 참가할 군대로 한국광복군도 편성되어 있었다. 그래서 임시정부는 1941년 12월 10일 대일 선전포고로 「대한민국 임시정부 대일 선전성명서」를 발표했다. 국무위원회 결의를 거쳐 12월 10일 주석 김구와 외무부장 조소앙 명의로 대일 선전포고를 한 것이다.

> 우리들은 삼천만 한국인 및 정부를 대표하여 삼가 중·영·미·하(네덜란드)·가(캐나다)·오(오스트레일리아) 및 기타 여러 나라의 대일 선전을 삼가 축하한다. 그것이 일본을 격파하고 동아를 재조하는 가장 유효한 수단이 되기 때문이다. 특히 아래와 같은 점을 성명한다.
> 첫째, 한국의 전체 인민은 현재 이미 반침략 전선에 참가하여 1개 전투 단위가 되어 있으며 축심국에 대하여 선전한다.
> 둘째, 거듭 1910년의 합방조약 및 일체 불평등조약의 무효와 동시에 반침략 국가들의 한국에서의 합법적인 기득 권익을 존중함을 선포한다.
> 셋째, 왜구를 한국과 중국 및 서태평양에서 완전 구축하기 위하여 최후 승리까지 혈전한다.
> 넷째, 맹세코 일본의 지원하에 조성된 장춘과 남경 정권을 승인하지 않는다.
> 다섯째, 루스벨트·처칠 선언의 각 항이 한국의 독립을 실현하는 데에 적용되기를 견결히 주장하며, 특히 민주 진영의 최후 승리를 먼저 축하한다.
>
> 대한민국 23년 12월 10일
> 대한민국 임시정부 주석 김구, 외무부장 조소앙

한국광복군의 사격훈련

대일 선전성명은 임시정부가 연합국의 일원으로 일본 독일 이탈리아 등 추축국에 대한 전쟁을 수행하겠다는 뜻을 국제사회에 공식적으로 천명한 것이다. 임시정부는 이미 1940년 9월에 광복군을 창설하여 대일전쟁을 실질적으로 수행할 정규군을 가지고 있었다. 광복군은 비록 그 수가 많지는 않았으나, 대일 선전포고 이후 연합군과 실제 공동작전을 전개했다. 1943년 영국군과 인도-미얀마전선에서 대일작전을 수행하고, 1945년에는 미국 OSS와 공동으로 국내 침투작전을 준비했다.

대일 선전포고는 임시정부가 연합국의 일원으로 참전해, 전후 처리에서 연합국의 지위를 인정받기 위한 조치이기도 했다. 임시정부가 수립된 이후 지속적으로 추구한 것이 바로 대일항전이었으므로, 대일 선전포고는 태평양전쟁이 일어난 것을 계기로 다시금 그 결의를 확고히 한 의미를 지닌다. 임시정부는 1945년 2월 28일에 대독 선전포고도 했다. 결국 임시정부는 대일 선전포고와 대독 선전포고를 통해 한국민족이 20여 년간 독립전쟁을 전개해왔음을 널리 알리고, 민주진영 연합국의 일원으로 반침략전쟁에 참가하여 인류 평화에 이바지하겠다는 의사를 국제사회에 표시한 것이다.

한국광복군 창설로 당·정·군 체제가 확립되면서 임시정부의 독립운동에도 힘이 생겼다. 무장투쟁으로 독립운동의 중심이 옮겨가면서 임시정부가 구심체가 되기 시작했다. 특히 조선민족혁명당과 그 무장부대인 조선의용대의 태도가 크게 변화했다. 조선민족혁명당은 그 뿌리인 의열단 이래 임시정부에 대해 불관(不關)주의 태도를 견지해왔다. 심지어 임시정부 해소까지 주장하기도 했다. 여러 이유가 있지만 무장투쟁보다는 외교와 준비론 위주의 운동노선이 못마땅했던 것이다. 여기에 정부 주도권을 둘러싸고 벌어졌던 권력투쟁에도 식상했기 때문이다. 의열단이 중심이 되어 임시대통령 이승만 성토문을 발표하고, 민족혁명당이 이당치국을 내세우며 임시정부 해소를 기도한 일도 여기에 이유가 있었다.

하지만 중일전쟁 이후 태도가 크게 변화했다. 임시정부가 무장부대 편성에 힘을 쏟다가 기어코 미주동포의 재정 지원으로 한국광복군을 창설하자 생각이 바뀐 것이다. 중국 국민당 정부의 강력한 권유와 제2차 국공합작의 영향도 크게 작용했다. 중국 정부는 여러 경로와 방식으로 독립운동 세력의 통일을 요구했다. 그래서 좌우 독립운동 세력을 대표하는 김구와 김원봉은 합작과 통일을 공개 천명하고, '7당회의'와 '5당회의'를 열어 정당 통일을 추진했다. 그렇지만 좌우 정당의 대통합은 이루지 못하고, 우파 3당의 통일로 한국독립당을 창당하는 데 그쳤다. 우파 정당만의 통일체로 출범했지만 한국독립당은 임시정부의 여당으로서 강력한 버팀목이 되었다.

임시정부가 오랫동안 꿈꿔온 국군으로 한국광복군을 창설한 것도 한국독립당의 전폭적인 지지가 있었기 때문이다. 일제가 태평양전쟁을 도발하자 임시정부는 즉시 대일 선전포고를 발표했다. 한국광복군이라는 무장부대를 기반으로 국제사회에 제2차 세계대전 참전을 공식적으로 선언한 것이다. 하지만 당시 중국 지역 독립운동계는 좌우 세력으로 분화된 상태였고, 양대 세력은 우파 한국독립당과 좌파 조선민족혁명당으로 분립하여 있었다. 무장부대도 한국광복군과 조선의용대로 나뉘어 따로 활동했다. 한국광복군은 임시정부의 국군으로, 조선의용대는 조선민족혁명당의 당군으로 각기 운영되었다.

더욱이 조선민족혁명당과 그 무장부대인 조선의용대는 오랜 무장투쟁의 전통을 온축해왔기에 군사활동에 대한 자부심이 강했다. 김원봉을 비롯한 지도자들이 의열단 시기부터 암살 파괴 등 무장투쟁을 통한 민중직접혁명의 가시밭길을 쉼 없이 걸었던 때문이다. 구성원들도 신흥무관학교와 중국 황포군관학교를 비롯한 군관학교 그리고 의열단이 운영한 조선혁명군사정치간부학교 출신들이 대부분이었다.

중일전쟁이 발발하자 조선민족혁명당은 좌파 연합전선체로 조선민족전선연맹을 결성하고, 산하 무장부대의 결성을 모색했다. 중국 국민당 정부와 여러 차례 협상한 결과 1938년 10월 초 조선의용대 지도위원회를 구성할 수 있었다. 여기에는 중국군사위원회 인사와 조선민족혁명당의 김원봉, 조선청년전위동맹의 김학무, 조선민족해방동맹의 김성숙, 조선혁명자연맹의 유자명 등이 참가했다. 이들이 협의한 결과 1938년 10월 10일 무한(武漢)에서 100여 명의 인원으로 구성된 조선의용대가 창설되었다.

처음 조선의용대는 대본부와 제1구대와 제2구대로 조직되었다. 대장은 김원봉이었다. 제1구대는 조선민족혁명당 소속 청년들로 조직되었고, 박효삼이 구대장이었다. 제2구대는 조선청년전위동맹 소속 청년들로 구성되었고, 이익성이 구대장을 맡았다. 결성 직후 일제의 침략으로 무한이 함

조선의용대 기관지

조선의용대 깃발

조선의용대 대장 김원봉

락되자 조선의용대는 몇 군데로 나뉘어 이동했다. 대본부는 중국군사위원회를 따라 광서성 계림으로, 제1구대는 호남성 중국군 제9전구로, 제2구대는 호북성 중국군 제5전구로 옮겨 군사활동을 전개한 것이다.

중국군사위원회와 중국군 각 전구에서 조선의용대는 선전활동을 전개하고 일본군에 맞서 직접 전투에도 참여하며 조직과 인원을 확대했다. 1939년 겨울 제1구대를 확충하여 제1지대와 제3지대로 분리 편성한 것이다. 새로 성립한 제3지대는 김세일이 지대장을 맡았다. 제2구대는 무한이 함락되자 북상하다가 김학무의 지도를 받아 중국군 5전구 소재지 노하구로 이동한 병력과 최창익을 따라 서안으로 이동한 병력으로 갈렸다. 서안으로 이동한 병력 가운데 대다수는 연안으로 들어갔다. 노하구로 이동하여 중국군 5전구 전투 지역에서 활동한 병력들로 제2지대가 편성되었다.

계림으로 이동한 대본부는 각 지대의 활동을 지도하는 한편 대원 모집에 힘썼다. 윤세주는 중국 국민군 산하 포로수용소로 찾아가 한인 병사 30여 명을 찾아내 대원으로 삼았다. 여성들을 구성원으로 조선의용대 부녀복무단도 조직했다. 이리하여 창설 당시 병력은 100여 명이었으나, 1년 뒤인 1939년에는 150여 명, 1940년에는 300여 명으로 늘어났다. 이즈음 대원들 사이에는 100만 이상의 한인 동포가 사는 만주로 이동해야 한다는 여론이 비등했다. 만주로 이동하는 길목이자 중국공산당 활동 지역이며 최전선인 화북 지역에서 일본군에 맞서 싸워야 한다고 주장한 것이다. 1941년 봄 조선의용대 주력 제1·2·3지대 병력 80여 명이 황하를 건너 화북 중국 공산당 팔로군 근거지로 이동한 것도 이런 이유였다.

조선의용대 주력이 북상한 뒤 정세는 더욱 급박하게 돌아갔다. 일제는 태평양전쟁과 대동아전쟁을 도발했고, 임시정부는 대일 선전포고를 발표했다. 중국 정부의 좌우 세력 통일 요구도 더욱 빗발쳤다. 군사 통일부터 하라고 성화였다. 결국 임시정부는 1942년 4월 16일 조선의용대 대본부 및 잔존 병력을 한국광복군 제1지대로 편성했다. 5월 21일에는 김원봉을 광복군 부사령 겸 제1지대 대장으로 임명함으로써 불완전하나마 임시정부 국군인 한국광복군을 중심으로 좌우 무장부대의 통일이 이루어지게 되었다.

좌우 통일의회와 연합정부 출범

대한민국 임시정부는 한국광복군을 중심으로 조선의용대를 받아들여 군사통일을 이룩한 뒤 곧 바로 통일의회 구성에 나섰다. 독립운동 세력의 통일은 통일의회에서부터 시작되었다. 수립 초기 각지의 임시정부를 통일하여 통합임시정부를 발족하기 위해 추진한 것도 통일의회 구성운동이었다. 임시정부는 통일의회 구성을 통해 각지의 임시정부를 통일한 역사적 경험을 갖고 있었다. 상해 대한민국 임시의정원과 재러 한인동포들이 조직한 대한국민의회로 통일의회를 구성하여 통합 임시정부의 기반을 마련하고, 여기서 임시헌법을 개정하고 한성정부의 각료를 추인함으로써 통합 임시정부를 출범했다.

존폐의 위기에 빠졌을 때도 임시정부는 통일의회로 국민대표회의를 개최하여 난관을 극복해나가려고 했다. 각 지방 대표와 각 단체 대표로 구성된 통일의회가 바로 국민대표회의이고, 여기에 임시정부의 운명을 맡기는 결단을 내린 것이다. 비록 개조파와 창조파로 갈려 성공하지는 못했지만, 민족독립의 대의를 위해 기득권의 포기도 마다하지 않는 자세를 보였다.

이것이야말로 임시정부가 온갖 고난 속에서도 끈끈한 생명력을 갖고 존재가치를 발휘해온 힘의 원천이기도 했다. 항상 임시정부는 「대한민국

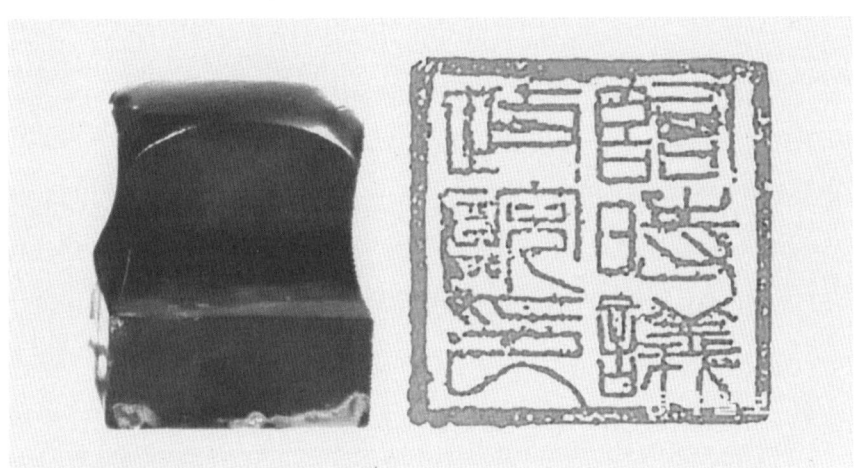
중경 시기 임시의정원 국새

임시헌장」 제2조의 정신, 즉 "임시정부는 임시의정원의 결의로 통치"한다는 의회 중심주의를 망각하지 않았던 것이다.

　제2차 세계대전이라는 절체절명의 시기이자 민족독립을 쟁취할 호기를 맞이하여 임시정부는 독립운동 세력의 통일을 모색했다. 전가의 보도처럼 다시 통일의회 구성을 추진한 것이다. 당시 독립운동 세력은 크게는 좌우파로 분립했지만, 그 속에서도 다양한 이념적 스펙트럼을 가졌다. 우파 독립운동 세력은 민족주의와 진보적 민족주의로 큰 편차 없이 삼균주의를 공감하고 있었다. 사실 그 토대 위에서 우파 독립운동 세력은 한국독립당으로 통일을 이룰 수 있었다.

　좌파 독립운동 세력은 훨씬 복잡했다. 조선민족혁명당은 진보적 민족주의와 사회주의가 교집합을 이루는 형상이었다. 조선민족해방동맹은 사회주의에서 공산주의까지 다채로웠고, 조선혁명자연맹은 무정부주의 성향이 강했다. 이들을 임시정부로 끌어들여 한데 묶기 위해 우선 의회, 곧 임시의정원을 개편하기로 한 것이다.

임시정부는 좌파 독립운동 세력이 임시의정원에 참여할 수 있는 여건을 마련했다. 1942년 8월 '임시의정원 선거규정'을 개정하여 좌파 인사들이 참여할 수 있는 길을 터놓았다. 한국독립당도 전당대표대회를 소집하여 임시의정원의 문호 개방에 찬성하고, 임시정부 주관 아래 각 선거구의 형편에 따라 보궐선거를 실시하기로 결정한 것이다.

보궐선거는 1942년 10월 20~23일까지 11개 선거구 가운데 9개 선거구에서 실시되어 새로 23명의 의원이 선출되었다. 그리하여 의원수는 기존의원 23명과 보선의원 23명을 포함하여 46명으로 늘어났다. 이들의 정당별 분포를 보면, 한국독립당은 김구·이시영·조소앙을 포함하여 26명, 조선민족혁명당은 김원봉·김상덕·문일민을 포함하여 16명, 조선민족해방동맹은 박건웅·김성숙 등 2명, 조선혁명자연맹은 유자명·유림 등 2명이었다.

이렇게 좌파 인사들이 의원으로 당선되면서 임시의정원은 통일의회를 구성하게 되었다. 첫 통일의회는 좌우파 정당의 의원들이 모두 참석한 가운데 1942년 10월 25일 중경의 오사야항 제1호 임시정부 청사에서 열렸다. 제34회 임시의정원 정기의회 개원식이자 통일의회 출범식이기도 했다.

임시정부 주석 김구는 이날 축사에서, "우리 운동은 3·1운동 이래 많은 분열 상태로 오늘 이곳에까지 오게 되었습니다. 오늘 우리가 부르짖고 있는 통일 문제는 그리 간단한 문제가 아닙니다. 이것은 우리가 정성으로 임무를 다한 데에서 해결될 것입니다"고 하여 좌우 독립운동 세력의 단결을 강조했다. 임시의정원 의원을 대표하여 조소앙도, "과거 무수한 방법의 대립이 이 의회로서 완전히 합일되었다. 과거 무수한 단체의 대립이 한국임시의정원으로 완전 통일되었다. 과거의 각 당파의 대립이 의정원으로부터 완전 통일되었다"고 주장했다. 곧 통일의회의 성립은 독립운동 방략은 물론 단체와 정파의 통일임을 강조한 것이다.

임시의정원을 매개로 하는 좌우 독립운동 세력의 통일의회 구성은 의회정치사에도 큰 획을 긋는 일이었다. 우선 임시의정원의 정당 분포가 다당제로 바뀌었다. 그동안 한국독립당 일당으로 구성되어왔지만, 이제 조선민족혁명당을 비롯하여 조선민족해방동맹과 조선혁명자연맹으로 다양화되었다. 이와 함께 의회에 여당과 야당이 생겨나게 되었다. 임시정부와 표리관계를 이루며 여당 역할을 하던 한국독립당만이 아니라 조선민족혁명당을 비롯

임시의정원 의장 홍진

한 3개 야당이 견제와 타협으로 민주적 정당정치를 실현하게 된 것이다. 의장단 선거는 10월 26일 진행되었다. 홍진이 압도적인 지지로 통일의회의 의장으로 선출되었다. 홍진은 과거 국무령으로 민족유일당운동을 앞장서 추진하고 민족혁명당에도 참여한 적이 있었다. 좌우 진영을 아우르며 이후 광복을 맞아 환국할 때까지 의장으로 활동했다. 임시정부의 통일의회 구성은 좌우 독립운동 세력의 임시의정원 참여에 국한되지 않았다. 이는 민족주의와 진보적 민족주의, 사회주의와 공산주의 그리고 무정부주의에 이르는 다양한 이념을 가진 독립운동 세력이 임시정부로 결집한 것이고, 향후 연합정부 출범의 기초를 마련한 것이다.

　대한민국 임시정부는 중일전쟁과 제2차 세계대전 발발 이후 지속적으로 투쟁 역량 결집에 힘을 쏟았다. 한편으로는 독립운동 세력의 통일을 추구하고, 다른 한편으로는 무장부대 창설에 주력했다. 한국광복군의 창설과 통합 한국독립당의 결성은 그 고뇌의 산물이었다. 여기에 그치지 않았다. 일제가 태평양전쟁과 대동아전쟁을 도발하자 임시정부는 대일 선전포고를

발표하여 제2차 세계대전 참전을 공식화했다. 이제 무장부대를 통일하여 대일항전에 앞장서고, '정부 승인'을 교섭하여 연합국으로부터 참전국 지위를 획득하는 일이 시급하게 되었다. 이는 요동치는 국제정세에 주체적으로 대처하여 민족독립을 쟁취하고, 당면한 비상시국에서 임시정부를 명실상부한 민족의 대표기구이자 독립전쟁 최고 지도기관으로 확립하는 일이기도 했다.

그러려면 우선 독립운동 세력을 임시정부로 모으고 무장부대를 통일할 필요가 있었다. 서둘러 조선의용대를 한국광복군으로 통합하여 군사통일을 이룬 이유도 여기에 있었다. 한국독립당 중심으로 운영되던 임시의정원이 기득권에 연연하지 않고 좌파 독립운동 세력을 받아들여 통일의회를 구성한 것도 이런 때문이었다. 이는 임시정부를 중심으로 좌우 독립운동 세력이 군사통일에 이어 정치통일에 진입한 사실을 말해준다.

그렇지만 높은 단계의 정치통일이라 할 좌우 연합정부의 출범까지는 나아가지 못했다. 연합정부의 구성은 지도체제의 변화가 필요했고, 이는 헌법 개정이 이루어져야 했기 때문이다. 그래서 헌법 개정 논의는 이미 통일의회에서 제기되었다. 조선민족혁명당을 비롯한 좌파 인사들이 임시의정원에 참여한 후 "임시정부는 각 당파 각 개인의 우수한 인물을 망라한 각 당파 연합정부가 되어야 한다"며 좌우 연합정부 구성을 주장한 것이다.

당시 임시정부는 1940년 10월 제정된 「대한민국 임시약헌」에 의해 구성되었고, 여기에 따르면 주석과 국무위원의 임기는 3년으로 1943년 10월까지였다. 이를 고려하면 좌우 연합정부를 구성하기 위해서는 1942년 열리는 정기의회에서 헌법을 개정해야 했다. 그래서 1942년 10월 제34차 의회를 개회하면서 조선민족혁명당을 비롯한 야당 의원들이 헌법 개정을 요구한 것이다.

그러나 제34차 의회에서 헌법 개정은 이루어지지 못했다. 이번 회기

내에 개정할 것을 주장하는 야당과 다음 회기에 개정하자는 여당의 주장이 대립한 탓이다. 격론 끝에 제34차 의회에서는 헌법 개정을 위한 '약헌수개(修改)위원회'만 구성하기로 합의했다. 약헌수개위원회는 모두 9명이었는데, 당적별로 보면 한국독립당 4명, 조선민족혁명당 3명, 조선민족해방동맹과 조선혁명자연맹이 각각 1명씩이었다. 의석수에 따라 안배하여 여당 4명과 야당 5명으로 구성된 것이다.

제34차 의회가 폐회된 뒤 약헌수개위원회는 헌법개정안을 마련하는 작업에 들어갔다. 헌법을 개정하는 목적은 "광복운동자를 통일 집중하고 전 민족을 총동원하여 독립을 완성하고 진정한 민주공화국을 건설하는 데 필요한 법을 제정하는 데" 두었고, 새 헌법의 명칭은 「대한민국 임시헌장」으로 한다는 것 등이 결정되었다. 그러나 정치적 이해관계가 있는 문제들에 대해서는 합의를 이루지 못하고 대립했다.

헌법 개정을 둘러싸고 벌어진 여야의 대립은 제35차 의회가 열리면서 더욱 격화되었다. 제35차 정기의회는 1943년 10월 개최되었는데, 여기서 해결해야 할 주요한 의제는 임기 만료된 국무위원을 선출하는 문제였다. 이를 둘러싸고 여야가 첨예하게 대립한 것이다. 이렇게 되자 의장 홍진과 부의장 최동오가 여야 조정을 위해 한국독립당을 탈당했다. 당적을 떠나 여야의 대립을 조정하려고 나선 것이다. 홍진 의장이 여야 간의 대립을 조정하여 마침내 타협점을 찾게 되었고, 여야는 세 가지 사항에 합의를 이루었다.

첫째, 제35차 의회는 폐회하고, 폐회 후 곧바로 임시의회를 소집한다.
둘째, 국무위원은 14인으로 증원하고, 따로 주석과 부주석을 각각 1인씩 두며, 각부 부장은 주석이 국무회의에 제출하여 통과한 후 임면한다.
셋째, 국무위원 수는 한국독립당 8석, 조선민족혁명당 4석, 2개 소당 각 1석으로 하고, 주석은 한국독립당, 부주석은 조선민족혁명당에서 맡는다.

김구 주석과 김규식 부주석

국무위원 수와 배분에 여야가 합의하고, 임시의회를 소집하여 이를 처리한다는 내용이다. 여야가 타협점을 찾으면서 1년 반 이상 끌어오던 헌법 개정 문제도 결실을 맺게 되었다. 1944년 4월 제36차 임시의회를 개최하고, 세 차례의 독회(讀會)를 거쳐 4월 21일 임시정부 5차 개정 헌법인「대한민국 임시헌장」을 여야 합의로 통과시켰다.

정부 조직을 확대하고 국무위원 수를 증원한 것이 5차 개정 헌법「대한민국 임시헌장」의 주요 내용이다. 부주석을 신설하여 주석 다음 서열로 하고, 국무위원은 종전의 6~10인에서 8~14인으로 증원했다. 행정부서도 종전의 내무부·외무부·군무부·법무부·재무부 5개 부서에 문화부·선전부 2개 부서를 증설했다. 그리고 주석과 부주석을 비롯한 국무위원은 임시의정원에서 선출하고, 각 행정부서의 부장은 주석이 추천하여 국무위원회에서 임면하도록 했다.

제36차 임시회의에서 주석과 부주석을 비롯한 국무위원도 선출했다. 4월 24일 회의에서 투표를 통해 주석에 한국독립당의 김구와 부주석에 조선민족혁명당의 김규식, 국무위원 14인을 뽑았다. 그리고 각 행정부서의 부장도 국무위원회에서 선임하여 좌우 연합정부를 조직한 것이다.

주석: 김구 부주석: 김규식
외무부장: 조소앙 군무부장: 김원봉
재무부장: 조완구 내무부장: 신익희
법무부장: 최동오 선전부장: 엄항섭
문화부장: 최석순
국무위원: 한국독립당 이시영·조성환·황학수·조완구·차리석·박찬익·조소앙·안훈, 조선민족혁명당 장건상·김붕준·성주식·김원봉, 조선혁명자연맹 유림, 조선민족해방동맹 김성숙

결국 임시정부는 1944년 4월 부단히 추구해온 대동단결 노선의 성과이자 정치통일의 일환으로 좌우 연합정부를 출범시킨 것이다. 수립 초기 '통합 임시정부'의 역사적 경험을 계승한 좌우 연합정부는 일종의 '전민족 대동단결체'이자 '통일전선정부'로 임시정부가 독립운동의 최고 영도기관이자 민족의 대표기구라는 위상과 권위를 되찾게 된 결정적 계기가 되었다.

중경 시기 재정정책과 외교활동

대한민국 임시정부의 재정 수입은 수립 초기부터 국민개납제에 의한 인구세와 애국금과 독립공채로 충당되었다. 인구세는 만 20세 이상 국민에게 징수하는 '인두세(人頭稅)'이고, 애국금은 국민의 자발적 애국성금이며, 독립공채는 그야말로 국채, 곧 독립운동 자금 조달을 위해 국가가 발생하는 채권이었다.

임시정부는 초기부터 엄격한 재정 민주주의를 실현하고자 했다. 대의기구인 임시의정원이 세목과 세율을 정하고 예산과 결산을 심의 의결하는 조세법률주의와 의회 예산주의를 채택한 것이다. 하지만 징세 대상이 상해 교민과 미주동포로 제한되었고, 그것도 직접 징수가 아니라 위탁 간접 징수가 일반적이기에 분란의 소지가 있었다.

특히 안정적인 재정 기반인 미주 본토와 하와이동포에 대한 인구세 징수권과 독립공채 발행권을 두고 임시대통령 이승만과 대한인국민회, 구미위원부와 임시정부 재무관서 간에 대립과 갈등이 심했다. 이를 둘러싼 파쟁으로 대한인국민회중앙총회는 미주 대한인국민회와 하와이 대한인국민회 그리고 대한인동지회로 분립하더니, 결국 임시대통령 이승만이 탄핵 면직되는 사태까지 야기했다.

중경의 대한민국 임시정부 청사 전경

중경의 청사 정문과 경비병

이와 함께 통합 임시정부를 구축한 삼두체제가 1921년 초부터 파열음을 내기 시작했다. 처음 국무총리 이동휘가 뛰쳐나가고, 이어 안창호까지 국민대표회의를 제창하면서 임시정부에서 이탈한 것이다. 우여곡절 끝에 1923년 초 국민대표회의가 열렸지만, 기대한 성과는 거두지 못하고 임시정부의 위상과 영향력만 손상되고 말았다.

그러니 임시정부에 대한 재외동포들의 인구세와 애국금이 답지할 리 만무했다. 김구의 '편지정책'도 이때에 나온 궁여지책이었다. 『백범일지』에 따르면, 1920년대 후반 재정 궁핍으로 "임시정부의 사업 발전은 고사하고 이름이라도 보전할 길이 막연"했다. 그래도 재정 지원은 "해외 동포들에게 의뢰할 수밖에 없었기" 때문에, 김구는 미주동포들에게 "임시정부의 현 상황을 극진히 설명하여 동정을 구하는" 편지를 써 보내는 이른바 '편지정책'을 폈다고 한다. 간헐적이라도 미주동포들에게서 재정 지원을 얻으려 고심했던 것이다.

사실 이봉창 의거도 이렇게 모은 자금으로 가능했고, 윤봉길 의거도 이 '편지정책'이 밑거름이 되어 이뤄낸 빛나는 성과이기도 하다. 윤봉길 의거 이후 장정 시기 임시정부의 재정 상황은 나아졌다. 적지만 재외동포로부터 성금이 답지했고, 비공식적이지만 중국 정부와 국민으로부터 재정 지원이 있었기 때문이다. 특히 중경 정착 이후 임시정부의 재정 형편은 훨씬 좋아졌다. 우선 임시정부의 자금줄이던 미주동포들의 재정 지원이 정기화되기 시작했고, 이제 일제의 눈치를 볼 필요가 없게 된 중국 정부의 지원이 공식화되고 확대된 덕분이다.

한국광복군의 창설도 미주동포들의 재정 지원으로 이루어졌다. 『백범일지』에도 "미주와 하와이 동포들이 원조한 3~4만 달러 등 모든 역량"을 다한 자력 창설이라고 했다. 1941년부터는 송금 방식도 변화했다. 미주에서 독립운동단체의 결집이 이루어진 결과이다. 1941년 4월 북미대한인w

중경 시기 임시정부 요인들
뒷줄 왼쪽에서 2번째가 재무부장 조완구

국민회·대한인동지회·하와이대한인국민회·중한민중동맹단·대조선독립단·한국독립당하와이지부·조선의용대미주후원회·대한부인구제회 등 미주 지역 독립운동단체들이 호놀룰루에서 해외한족대회를 열었다.

여기서 재미한족연합회와 주미외교위원부를 결성하고, 임시정부에 대한 통일적 재정 지원과 주미 외교활동 후원 그리고 미국의 국방공작 원조 등을 결의했다. 이에 따라 인구세를 제외하고 각 단체들이 개별적으로 지원하던 애국금·혈성금·후원금 등 각종 명목의 지원금을 '독립금'으로 통일하여 재미한족연합회가 수합한 뒤 분배 송금했다. 전체 수입 가운데 3분의 2는 임시정부 지원, 3분의 1은 미주에서 외교 및 국방공작 후원 경비로 지출한다는 원칙을 세운 것이다. 임시정부도 1942년 10월 25일 임시의정원에 제출한 「재정상황보고서」를 통해 재미동포들의 재정 지원을 고마워했다.

정부세입은 각종 법정세율에 기본하여 전국 동포의 부담으로 징수하는 바입니다. 원동(중국)에서 영성한 인구세와 특종수입(중국 정부의 재정지원)과 태평양 건너편 동포들의 다소 성금뿐이올시다. 정부 성립 이래 24년간의 명의를 유지하여온 것은 완전히 재미교포의 항구 불변하는 성력에서 표현된 것입니다.

하지만 1942년 12월 중국 정부가 한국의 독립운동을 돕기 위해 '부조(扶助) 조선 복국(復國) 지도 방안'을 확정하여 1943년부터 본격적으로 시행하면서 재정 상황은 크게 달라졌다. 중경 시기 임시정부의 세입·세출결산서를 보면, 미주동포의 송금으로 추산되는 액수는 총 세입 가운데 1940년 약 20%로 37만 462원, 1941년 약 40%로 223만 494원, 1942년 약 44%로 463만 872원, 1943년 15%로 409만 927원이었다. 처음 금액과 비율 모두 증가하여 일정한 수준에 도달한 뒤 금액은 크게 변하지 않았는데 비율은 급격히 낮아졌다. 이는 1943년을 기점으로 중국 정부의 재정 지원이 비약적으로 증가했기 때문이다.

중국 정부의 재정 지원은 특종수입으로 처리되었는데, 임시정부 유지를 위한 정무비, 광복군의 군사비, 한국독립당과 조선민족혁명당을 지원하는 당무비, 중경에 거주하는 교민을 위한 생활비 등으로 지출되었다. 총 세입 가운데 특종수입이 차지하는 비중과 금액은 1940년 약 53%로 100만 원, 1941년 약 25%로 140만 원, 1942년 약 46%로 480만 원, 1943년 약 61%로 1,660만 원이었다. 1941년 이후 매년 금액이 3배 이상 증가하다가 1943년 '부조 조선 복국 지도 방안'이 시행되면서 절대 금액이 급증했고, 그에 따라 비중도 60%를 상회하게 되었다. 그만큼 임시정부의 중국 정부에 대한 재정 의존도가 커졌다는 얘기다.

그렇지만 임시정부의 전체 역사를 놓고 보면, 재미동포의 재정 지원

조소앙 외무부장

주미외교위원장 이승만과 프란체스카(1944년 5월 2일, 워싱턴)
둘째 줄 오른쪽 3번째가 이승만

이 없었다면 임시정부도 존립하기 어려웠다고 해도 과언은 아닐 것이다.

또한 대한민국 임시정부는 수립 이래 외교활동을 중요한 독립운동 방략의 하나로 삼았다. 그래서 1919년 파리강화회의와 1921년 태평양회의(워싱턴회의) 그리고 국제연맹회의 등에 대표를 파견하여 한국의 독립을 호소하고, 중국을 비롯한 미국과 러시아 등 국제열강에 임시정부의 승인을 요청하는 외교활동을 벌였다. 하지만 중국의 호법 정부와 러시아의 레닌 정부를 제외하고는 큰 성과를 거두지 못했다.

그렇다고 해서 포기하지 않았다. 상해 시기와 장정 시기 임시정부의 외교활동은 주로 선전활동에 주력했다. 독립운동은 한국민족의 독립만이 아니라 인류의 자유와 평화를 향한 인도주의의 거룩한 실천이기 때문이었다. 국제사회에 일제의 학정과 수탈을 고발하고, 백절불굴의 의지로 계속하던 독립운동 소식을 널리 알린 것이다.

임시정부의 외교활동 기조는 태평양전쟁 발발 이후 크게 바뀌었다. 중경에 정착하면서 당·정·군 체제를 갖추어 번듯한 정부로 거듭났고, 태평양전쟁이 발발하자 곧바로 대일 선전포고를 발표했기 때문이다. 이제 선전활동에서 벗어나 국제사회에서 정부 승인을 받고, 연합국으로부터 교전국으로 인정받아 참전국의 지위를 획득하기 위해서였다. 그래야 일제 패망 이후 연합국의 일원으로 승전하여 당당하게 자주 독립을 이룰 수 있다는 생각이었다.

임시정부에서 국제 외교를 담당하는 부서는 외무부로 중경 시기 외무부장은 조소앙이었다. 1939년 10월 선임된 이래 중경 시기 내내 외무부장으로 활약했다. 경기도 양주 출신의 조소앙은 임시정부 수립 직후 프랑스로 가 파리위원부에서 왕성한 외교활동을 벌였고, 스위스 루체른과 네덜란드 로테르담에서 열린 국제사회당대회에 참석하여 '한국독립승인안'을 통과시킨 성과도 있었다. 그리고 영국과 에스토니아·리투아니아 등 유럽을

김구 주석이 방미하는 미우스 오그 신부에게 준 태극기(1941년 3월 16일)

거쳐 러시아를 순방하고 돌아온 풍부한 외교 경력을 지닌 인물이었다.

중국과 미국은 임시정부 외교활동의 핵심 대상국이었다. 중국은 임시정부의 주재국이자 최대의 지원국으로 중요한 위치를 차지했고, 미국은 태평양전쟁에서 대일전쟁을 주도하고 있었기 때문이다. 사실 이들에 대한 외교활동이 임시정부는 물론 향후 민족독립의 명운을 가르는 중요한 일이었다.

중국과 교섭 창구는 중국 국민당이었고, 담당부서는 조직부였다. 중국 정부가 정식으로 임시정부를 승인하지 않았기에 정부와 정부로서 관계를 맺을 수 없었던 것이다. 중국과의 교섭은 두 단계를 거쳐야 했다. 우선 임시정부는 중국 국민당 조직부장과 접촉하고, 조직부장이 이를 중국의 당·정·군 책임자에게 보고하는 형식이었다. 예컨대 김구 주석이 장개석에게 공함을 보낼 때, 우선 중국 국민당 조직부장에게 보내고 이를 조직부장이 장개석에게 보고하는 방식이다. 중국군사위원회에 보내는 공문도 조직부장에게 보내면, 이를 조직부장이 군사위원회에 제출하는 것이었다.

중국과 외교활동은 대체로 이러한 창구와 방법으로 이루어졌고, 내용은 다양했다. 임시정부의 승인, 광복군 창설에 대한 비준과 지원, 재정 지원과 협조 등이 핵심이었다. 이 밖에 임시정부 청사 및 가족들의 생활 등 여러 가지 문제로 중국 정부와 교섭을 벌였다.

중국과 관계는 민간 차원에서도 이루어졌다. 대표적인 사례로 중한문화협회를 들 수 있다. 여기에는 조소앙과 중국의 입법원장 손과(孫科) 주도 아래 한·중 인사 400여 명이 참여했다. 1942년 10월 출범한 중한문화협회는 단지 우호단체에 그치지 않고, 다과회·좌담회·강연회 등을 개최하여 한·중 현안에 대한 의견을 교환하고 상호 이해를 증진했다.

미국에 대한 외교는 주미외교위원부가 주로 맡았다. 주미외교위원부 설치는 미주동포들이 재미한족연합회를 결성한 것이 계기였다. 1941년 4월 미주에 활동하던 9개 단체들이 연합하여 결성한 재미한족연합회는 의사부와 집행부와 외교위원부를 두었다. 임시정부는 재미한족연합회의 외교위원부로 하여금 미국과 외교를 전담하도록 하고, 국무회의를 거쳐 1941년 6월 4일 워싱턴에 주미외교위원부를 설치했다. 그리고 이승만을 주미외교위원장으로 선임하고, 김구 주석과 외무부장 조소앙 명의로 임명장을 보냈다.

주미외교위원부는 외무부의 산하기구였고, 임시정부의 주미대사관과 같은 것이었다. 주미외교위원장 이승만은 임시정부에서 임명한 주미대사라고 할 수 있다. 임시정부는 미국 정부와 교섭 및 외교활동을 이승만에게 전담하게 했다. 이승만은 신임장을 제출했지만, 미국 정부는 접수하지 않았다. "전후 한국의 독립 문제에 대해 미국의 입장이 정리되고 중국·소련·영국 등 다른 연합국의 태도가 확정될 때까지는 신임장을 접수하지 않는 것이 좋겠다"며, 막은 것이다.

그렇지만 이승만은 친분이 있는 미국인들을 내세워 임시정부 승인 외교를 펼쳤다. 1942년 1월 변호사 스태거스(Staggers) 등이 「한국사정」이라는 문건을 작성하여 국무장관에게 보내고, 5월 한·미협회 회장 크롬웰(Cromwell)이 편지로 임시정부의 승인을 촉구했다. 나아가 미국의 상하 양원 의원들에게도 임시정부 승인을 촉구하는 편지를 보내 성과를 거두었다. 1943년 1월 질레트(Gillette)와 체스너트(Chesnutt)와 오다니엘(O'Danael) 등 의원들이 미 국무장관에게 질의를 통해 임시정부 승인을 촉구했다.

이 밖에도 김구 주석과 외무부장 조소앙이 직접 미국 대통령과 국무부장관에게 공문을 보내기도 했다. 임시정부가 대일 선전포고를 발표했을 때, 주석과 외무부장 명의로 그 사실과 내용을 미 대통령에게 알린 것이다. 외무부장 조소앙도 1944년 6월 미 국무장관 헐(Hull)에게 공문을 보내 정부 승인을 촉구했다. 주중 미국대사를 상대로 교섭도 벌였다. 중경에는 미국대사관이 있었고, 주중 미국대사는 고오스(Gauss)였다. 교섭은 외무부장 조소앙이 직접 주중 미국대사관을 찾아가 고오스를 면담하거나 공문을 보내는 형식으로 이루어졌다.

임시정부는 다양한 방법과 루트를 이용하여 미국과 교섭을 벌였지만, 미국 정부는 냉담한 반응을 보였다. 그러나 임시정부는 이에 굴하지 않고 미국과 중국을 상대로 맹렬한 외교를 펼쳐, 결국 최대의 외교 성과인 카이로선언을 이끌어냈다.

국제사회의 한국독립 보장

카이로선언(The Cairo Declaration)은 한국독립운동의 역사에서 이룬 최고의 외교 성과이다. 길게는 3·1독립운동 이래 줄기차게 전개한 독립투쟁과 집요한 국제 외교활동의 결실이지만, 가깝게는 중경 시기 대한민국 임시정부가 이룬 외교활동의 승리였다. 김구 주석과 외교부장 조소앙이 앞장선 임시정부의 대중국 외교의 성과이자, 다른 한편으로는 주미외교위원부를 중심으로 하는 재미 동포사회의 외곽 때리기가 빛을 본 것이다.

1943년 12월 1일 미국과 영국과 중국 등 연합국은 이집트 카이로에서 3국회담의 결과를 성명으로 발표했다. 바로 카이로선언이다. 그 가운데 "3대국은 한국 인민의 노예 상태에 유념해 적당한 시기에 한국을 자유 독립되게 할 것을 결의한다"는 내용이 들어 있었다. 카이로회담에 참석하지는 않았지만 러시아도 동의한 연합국 열강의 공동 선언이자 약속이었다.

카이로선언을 이끌어내기가 쉽지 않았다. 미주동포들은 1942년 2월 27일부터 3월 1일까지 워싱턴에서 재미 한인자유대회를 열고 한국 독립과 임시정부 승인을 얻기 위한 외곽 때리기에 나섰다. 임시정부의 주미외교관서인 주미외교위원부를 필두로 재미한족연합회와 한미협회가 공동 주최한 이 대회에는 미주 각지에서 온 교민대표 100여 명과 저명한 미국인 정치가

카이로회담 당시 연합국 수뇌
왼쪽부터 장개석·루스벨트·처칠

및 언론인 다수가 참석했다. 여기서 첫째, 한국의 자유와 해방을 성취할 때까지 계속하여 투쟁할 것. 둘째, 대한민국 임시정부를 모든 정성을 다하여 지원하고 유지시켜나갈 것. 셋째, 미국 대통령과 의회에 대한민국 임시정부의 승인을 요청할 것을 결의하고, 맹렬한 외교활동을 벌여나갔다.

임시정부는 더욱 다급했다. 1943년 4월 말 미국과 영국을 비롯한 연합국들이 전후 한국 문제에 대해 '국제공동관리'를 거론하고 있다는 소식이 전해졌기 때문이다. 임시정부는 곧바로 긴급 국무회의를 열고 대책을 마련했다. 그 방향은 첫째, 외무부에서 중국 외교부에 대하여 그 사실의 유무를 질문하고, 반대의사를 표시할 것. 둘째, 미국과 영국과 러시아 각국 원수에게 반대 전문을 보내고, 중국에 대해서는 정식으로 신문지상으로 반대 성명을 발표하도록 요구할 것. 셋째, 선전부는 간행물을 이용하여 반대 논설을 발표하고, 반대의사를 널리 전파할 것. 넷째, 당·정·군 각 수뇌자를 소집하여 그 진상을 보고하고 대책을 의논하게 할 것으로 정해졌다.

논의 결과 대책이 마련되었다. 우선 중경에서 활동하고 있는 좌우익 정당 및 단체들을 중심으로 반대운동을 전개하기로 의견을 모았다. 그래서 1943년 5월 10일 재중 자유한인대회가 중경에서 열렸다. 여기서 "한국은 마땅히 독립되어야 하고, 한국민족은 마땅히 자유민이 되어야 한다"는 선언문을 발표했다. 그리고 "우리는 완전 독립을 요구하며, 소위 국제 감호(監護)나 다른 어떠한 형식의 외래 간섭도 반대한다", "우리는 전후 완전 독립을 쟁취하기 위하여, 또 임시정부의 국제적 합법 지위를 쟁취하기 위하여 계속 노력한다" 등 4개 항의 결의안을 채택했다. 한국민족의 완전한 자유 독립을 제한하는 어떠한 형태의 국제 간섭이나 거래도 반대한다는 강력한 의사를 표시한 것이다.

이렇게 '국제공동관리' 반대운동을 전개하면서 중국 각계 인사들을 찾아다니며 협조를 요청하다가 카이로회담에 대한 정보를 입수한 것은 1943년 7월이었다. 더욱이 장개석 총통도 카이로회담에 참석한다는 소식을 듣게 되었다. 임시정부는 곧바로 장개석과의 면담을 요청했다. 그리하여 7월 26일 김구 주석과 외무부장 조소앙, 선전부장 김규식, 광복군 총사령 이청천과 부사령 김원봉 등이 통역 안원생을 대동하고 장개석을 만났다. 이 자리에서 임시정부 요인들은 한국의 독립을 힘써 관철해달라고 강청하고, 장개석에게서 "힘써 싸우겠다[力爭]"는 약속을 받아냈다.

카이로회담은 1943년 11월 22일부터 26일까지 열렸다. 장개석은 임시정부 요인들과의 약속을 지켰다. 장개석은 11월 22일부터 여러 차례 열린 영수회담에서 루스벨트 미국 대통령과 처칠 영국 수상에게 전후 한국의 독립을 약속하자는 문제를 제기하고, 이를 즉각 결정하여 발표하자고 제안했다. 임시정부 요인들에게 한 언약을 그대로 지킨 것이다. 그런데 처칠은 한국의 독립을 보장하자는 장개석의 제안을 강력 반대했다. 당시 영국은 인도와 미얀마를 비롯하여 남양군도에 많은 식민지를 갖고 있어 한국을 독립국으로 할 경우 자신의 식민지도 독립국으로 하여야 하는 문제가 걸렸기 때문이다.

처칠이 반대하자 장개석은 루스벨트에게 한국의 독립을 보장하자는 중국의 제안을 지지해주도록 요청했다. 루스벨트는 장개석의 요청을 거부하기 어려운 상황이었다. 일본군을 중국 대륙에 묶어두기 위해 전략적 차원에서 중국에 카이로회담을 제의했고, 또 태평양전쟁을 승리로 이끌기 위해서도 중국의 역할을 무시할 수 없었던 것이다.

1943년 초부터 한국 문제에 대해 국제공동관리를 구상하고 있었던 루스벨트는 장개석의 제안과 미국의 이해관계, 그리고 영국과의 관계를 고려하여 한국을 독립시키되 조건부 독립안을 받아들였다. 장개석과 처칠도 이에 동의했다. 한국의 독립은 조건부였다. 루스벨트의 특별보좌관인 홉킨스(Hopkins)는 선언문 초안을 작성하면서 조건부에 해당하는 문구를 "가장 조속한 시일 내에(at the earliest possible moment)"라고 했다. 이를 루스벨트가 "적당한 시기(at the proper moment)"라고 고쳤고, 처칠이 다시 "in due course"라고 다듬었다. 결국 이런 과정을 거쳐 카이로회담에서 합의된 내용이 1943년 12월 1일 카이로선언으로 발표되었다.

비록 즉시가 아니라 '적당한 시기'라는 경과 조치가 포함되어 있었지만, 이는 누가 봐도 일제 패망 이후 한국을 자유 독립국으로 한다는 공약이었다. 이로써 한국은 제2차 세계대전 시기 연합국 열강으로부터 독립을 국제적으로 보장받은 유일한 아시아국가가 된 것이다.

자유와 평화 그리고 정부 수립을 향해 나아가다

— 대한민국 임시정부의 환국 —

자유와 평화를 위하여

한국광복군의 주된 활동은 병력 모집, 교육 훈련과 선전활동 그리고 연합국 지원과 공동작전 수행이었다. 당초 중국 정부는 자국 내에 대한민국 임시정부의 국군으로 한국광복군 창설을 인정하지 않고 주저하고 있었다. 그러자 임시정부는 재미동포의 재정 지원으로 총사령부를 독자적으로 출범했다. 하지만 병력 없는 군대란 허울뿐으로 무기력하기 이를 데 없었다. 광복군 창설을 계획하면서 임시정부가 1939년 11월 서안으로 군사특파단을 파견하여 화북 일대의 한인 청년들을 대상으로 선전 및 모병활동에 나선 이유도 여기에 있었다.

광복군은 총사령부를 창설한 뒤 시급하게 초모활동, 곧 병력 모집에 나섰다. 그 대상은 만주 지역을 비롯하여 중국 관내 일본군 점령 지역에 이주해 있는 한인 청년들이었다. 그리고 일본군으로 끌려나온 한인 사병들을 유인 포섭하는 것이었다. 광복군 창설 이전부터 초모활동은 일본군 점령 지역인 화북 지역에서 이루어지고 있었다. 무정부주의계열의 한국청년전지공작대도 서안(西安)을 거점으로 초모활동을 벌여 1940년 말 100여 명의 대원을 확보했다. 바로 이 병력이 광복군에 편입하여 제5지대가 되었다가 나중에 제2지대 주력이 된 것이다.

광복군 창설 이후 초모활동은 더욱 체계적으로 전개되었다. 병력 모집을 위한 기구로 군무부 산하에 징모처 5개를 두고, 제1분처는 산서성 대동(大同), 제2분처는 수원성 포두(包頭), 제3분처는 강서성 상요(上饒), 제5분처는 섬서성 서안, 제6분처는 안휘성 부양(阜陽)에 설치했다. 초모활동은 일종의 비밀 지하공작으로 진행되었다. 공작대원들이 일본군 점령 지역에 들어가 거점을 마련하고, 이를 기반으로 그곳에 이주해 있는 한인 청년들을 포섭하여 광복군 활동 지역으로 데리고 나오는 것이었다.

이 과정에서 밀정들의 촉수에 걸려 거점이 탄로 나거나 공작대원들이 일본군에 체포되어 희생되는 경우도 적지 않았다. 하지만 이것이 병력을 모집할 수 있는 유일한 방법으로 성과도 컸다. 이 밖에 일본군으로 끌려나왔던 한인 장병들이 탈출하여 악전고투 끝에 광복군을 찾아오고, 중국군에 투항하거나 포로가 된 한인 장병을 인수하여 광복군으로 편입시킨 경우도 많았다. 조선의용대가 광복군 제1지대로 편입된 후에는 호북성 노하구(老河口)와 절강성 금화(金華)에도 각각 구대를 두고 대원 모집활동을 벌였다.

중국 관내 한인 청년들에 대한 초모활동은 성과가 매우 컸다. 1944년에는 학병으로 중국 전선에 끌려온 한인 청년 수십여 명이 광복군 진영으로 탈출했고, 1945년에는 수백 명의 한인 청년이 광복군 대열에 합류했다. 그 결과 당초 100여 명으로 출범한 광복군은 1945년 8월 약 1,000여 명으로 확대되기에 이르렀다.

광복군은 이렇게 모집한 병력들을 중국군의 지원으로 교육 훈련하여 초급 간부로 양성했다. 한국청년훈련반(한청반)과 한국광복군훈련반(한광반)을 설치 운영한 것이다. 한청반은 서안에 주둔한 광복군 제2지대와 징모 제5분처가 운영했는데, 중국군 제34집단군 내 중앙전시간부훈련단과 중앙군관학교 제7분교에서 교육 훈련을 받았다. 1945년까지 100여 명 이상의 대원을 교육 훈련했고, 졸업 후 대개 광복군 제2지대원이 되었다.

광복군 지휘계통
오른쪽부터 이청천·이범석·이복원·왕영생

광복군 제1지대 대원들

한광반은 부양에서 활동하는 광복군 징모 제6분처가 운영했는데, 임천에 있는 중국 중앙육군군관학교 제10분교에서 교육 훈련을 받았다. 1944년부터 초모공작의 성과가 나타나 일본군을 탈출한 학병들이 지하공작대원이나 중국군의 협조와 안내로 부양에 집결했다. 이들의 숫자는 1944년 9월 기간요원을 포함하여 70여 명으로 한광반에서 교육 훈련을 받았다. 졸업 후 이들은 모두 광복군에 편입되었는데, 졸업생 중 36명은 중경에 있는 총사령부로 갈 것을 지망했다. 그리하여 일부 기간요원을 포함한 53명의 대원들이 1944년 11월 중경을 향하여 떠났다. 이들은 1945년 1월 중경에 도착한 뒤 총사령부와 임시정부 경위대 그리고 서안에 있는 제2지대로 각각 배속되었다. 부양에 잔류한 12명의 한광반 졸업생은 제3지대 창설의 주역이 되었다.

광복군은 국내외 동포들의 대일항전 참여와 지원을 촉구하고, 또 국제사회의 호응과 협조를 이끌어내기 위한 목적으로 선전활동을 전개했다. 선전활동은 총사령부 정훈처의 선전과가 맡았다. 중경의 국제방송국을 이용한 선전활동, 격문이나 전단지 살포, 표어 부착, 연극이나 음악 공연 등 여러 가지 방법이 동원되었다. 1941년 2월부터는 국한문본과 중국어본으로 기관지 『광복(光復)』을 발행하여 한·중 연대투쟁을 강조하며 항일의식을 고취했다. 이와 함께 중국 전선에 나와 있는 일본군의 사기 저하를 목적으로 대적 선전활동을 벌였다. 그 방법으로는 반전(反戰) 사상을 유포하고, 일본군의 만행을 폭로하며 패전 사실을 널리 알리는 것 등이었다.

광복군은 일본군에 소속된 한인병사들에 대한 포섭 공작과 함께 적군에 대한 정보 수집과 교란활동, 포로 심문 등으로 중국군을 도왔다. 특히 연합군과 공동작전을 전개하기도 했다. 영국군의 요청으로 광복군 인면전구공작대(印緬戰區工作隊)를 조직하여 파견한 것이다. 1943년 8월 인도에 도착한 이들은 영국군으로부터 일정한 교육을 받은 후 영국군에 배속되었다.

한국광복군 제3지대 성립 기념 사진(1945년 6월 30일, 부양)

한국광복군 총검술 훈련 사진

특히 1944년 3월 영국군과 일본군이 대접전을 벌였던 임팔(Impal) 전투를 비롯하여 1945년 일본군이 완전히 패퇴할 때까지 미얀마 각지에서 2년여 동안 영국군을 도와 공동작전을 벌였다. 미국 OSS와도 독수리작전(The Eagle Project)이라는 이름으로 공동작전을 추진했다. 결국 임시정부는 제2차 세계대전 중 태평양전쟁과 대동아전쟁에서 연합군의 일원으로 참전하여 대일전쟁을 전개함으로써, 전후에 교전단체와 참전국의 지위를 획득한다는 전략을 끊임없이 추구한 것이다.

태평양전쟁과 대동아전쟁을 도발한 일제는 파죽지세로 동남아시아 국가를 유린했다. 제2차 세계대전을 일으킨 나치 독일의 침공으로 함락된 프랑스와 네덜란드는 물론 영국까지도 동남아시아 식민지에 관심을 두지 못했기 때문이다. 하지만 1941년 6월 독일이 러시아를 침공하면서 서유럽과 동유럽으로 전선이 확대되고, 같은 해 12월 일제가 진주만을 공습했다. 이에 미국이 본격적으로 제2차 세계대전에 참전하면서 전쟁 양상은 바뀌어갔다. 특히 1942년 6월 미드웨이 해전에서 미국이 일본을 크게 무찔러 태평양 제해권을 회복한 이후 동남아시아 지역의 전쟁 양상도 변해갔다.

이즈음 1942년 겨울 인도 주둔 영국군총사령부는 조선민족혁명당에 공작대원 파견을 요청해왔다. 이에 따라 조선민족혁명당 총서기 김원봉은 조선의용대 대원 최성오와 주세민을 인도에 파견했다. 이들의 공작활동이 대일작전에 성과가 컸던 덕분인지 영국군은 더 많은 인원의 파견을 요청해왔다. 이를 계기로 양측 사이에 협정이 체결되었다. 인도 주둔 영국군총사령부 대표 콜린 맥켄지(Colin MacKenzie)와 조선민족혁명당 총서기 김원봉이 1943년 5월 '조선민족군 선전 연락대' 파견에 관한 협정을 체결한 것이다. 조선민족혁명당은 영국군의 대일작전을 협조하고 영국군은 조선민족혁명당의 대일투쟁을 원조한다는 원칙 아래 조선의용대 대원들을 파견하여 영국군과 함께 활동하도록 한다는 내용이었다.

인면전구공작대 대원들

하지만 이때는 조선의용대가 한국광복군으로 편입되고, 한국광복군은 '한국광복군 행동 9개 준승'에 따라 중국군사위원회의 지휘 통솔을 받는 상황이었다. 이 때문에 조선의용대원의 인도 파견은 광복군총사령부와 중국군사위원회의 승인이 있어야 했다. 따라서 광복군총사령부는 중국군사위원회의 승인 아래 조선의용대원이 소속된 제1지대를 비롯하여 각 지대에서 인도에 파견할 대원들을 선발했다. 선발 기준으로는 신체조건과 일본어와 영어 등 어학능력이 중시되었다. 선발된 인원은 한지성과 문응국 등 9명이었다. 바로 인면전구공작대(印緬戰區工作隊)로 이들은 1943년 8월 말 인도 캘커타에 도착했다.

인도에 도착한 광복군 대원들은 영국군으로부터 교육을 받은 후 영국군에 분산 배속되었다. 영국군에 배속된 뒤 이들은 임팔 전선에 투입되었다. 임팔은 일본군이 점령하고 있던 미얀마와 접경 지역으로 영국군과 일본군이 대접전을 벌이던 곳이다. 당시 미얀마는 미국을 비롯한 연합군이 중국 전선으로 전쟁물자를 수송하는 주요 통로였다. 일본군에 의해 중국의 해안선이 봉쇄되자 연합군은 미얀마 남쪽 랑군(Rangoon)으로부터 북부 라시오(Lashio)를 거쳐 중국의 곤명으로 이어지는 루트로 전쟁물자를 수송했던 것이다. 그러나 일본군이 미얀마를 점령하면서 이 수송루트가 차단되고 말았다. 이를 타개하기 위해 영국군과 중국군은 1942년 이래 일본군과 치열한 접전을 벌이고 있었다.

광복군 인면전구공작대가 임팔 전선에 투입된 것은 1944년 초였다. 1월 7일 문응국·김상준·나동규는 인도 브야크에서 영국군 제201부대와 함께 임팔 전선으로 출발했고, 제204부대에 배속된 박영진과 김성호는 아라칸을 거쳐 3월 7일 임팔 전선으로 이동했다. 대장 한지성도 이곳에 도착하자 이들은 임팔을 중심으로 전개되던 영국군의 대일작전에 참여했다.

인면전구공작대가 임팔에 도착한 직후 영국군과 일본군 사이에 대접전이 벌어졌다. 1944년 3월 말 일본군이 천두이강을 건너 임팔 지역을 공격해 오면서 그곳을 둘러싸고 영국군과 일본군이 치열한 공방전을 계속했다. 영국군은 이 전투에서 큰 승리를 거두었다. 임팔 지역에서 일본군을 격퇴한 영국군은 1945년에 들어와 미얀마로 퇴각한 일본군에 대해 반격작전을 개시했는데, 여기에도 인면전구공작대가 참전했다. 새로 파견된 안원생은 사령부에 배속되었고, 한지성과 박영진과 김성호는 미얀마 중북부 지역에서 만달레이(Mandalay)를 향해 남진하는 영국군 부대, 최봉진·김상준·이영수는 미얀마 중북부 지역을 우회하여 만달레이를 향해 북상하는 영국군 부대, 그리고 문응국·송철은 미얀마의 수도 랑군 상륙작전에 참전한 것이다.

일본군을 동남아시아에서 몰아내기 위한 미얀마탈환작전은 연합군

광복군 제3지대장 김학규와 OSS 대원들(1945년 7월, 곤명)

한국광복군과 OSS 합작 기념 사진(1945년 9월 30일, 서안)

에 의한 대규모 작전으로 전개되었다. 이 작전에는 영국군과 인도군을 비롯하여 중국군과 미국군이 연합하여 1945년 5월에는 수도 랑군을 탈환했고, 7월에는 일본군을 완전히 패퇴시켰던 것이다. 미얀마탈환작전이 완료된 후 인면전구공작대는 인도 캘커타로 철수했다. 여기서 새로운 군사작전를 위해 대기하던 중 일제가 무조건 항복하자 1945년 9월 10일 전원 중경의 광복군총사령부로 복귀했다.

　　인면전구공작대원들의 주요한 임무는 대적 선전활동이었다. 일본군을 대상으로 하는 귀순 방송과 전단 제작, 그리고 포로 심문과 일본 문서 번역, 정보 수집 등을 담당했다. 이러한 활동은 일본군에게 심리적으로 큰 영향을 끼쳤음은 물론 영국군의 대일작전에도 커다란 도움을 주었다. 대적 선전활동이 시작되면서 일본군에 탈출자들이 생겨나고 투항자들이 증가한 것이다. 그리고 정보문서 분석과 통신 감청으로 일본군의 동태나 작전계획을 사전에 알아냄으로써 영국군이 대일작전을 수행하는 데 결정적인 도움을 주기도 했다.

　　영국군이 크게 패했던 만달레이 전투에서 영국군을 일본군의 포위에서 벗어날 수 있게 한 것이 대표적이다. 1944년 5월 영국군 제17사단이 미얀마탈환작전을 개시하여 만달레이로 남하하던 중 일본군의 선제공격을 받고 포위되고 말았다. 영국군이 악전고투할 때, 문응국 등이 정보문서와 포로 심문을 통해 일본군의 동태를 정확하게 분석해 제공함으로써 영국군이 일본군의 포위망을 벗어나 기사회생할 수 있었다. 곧 인면전구공작대는 연합국의 일원으로 제2차 세계대전에 참전하기 위해 창설한 한국광복군의 임무를 최전선에서 구현했고, 이로써 대한민국 임시정부의 국제적 위상을 드높였다.

　　미국은 1942년 6월 미드웨이 해전에서 대승하면서 제해권을 장악하고, 1944년 6월 필리핀해전에서 승리하면서 태평양전쟁의 승기를 잡았다.

이제 일본 열도 공략을 앞둔 상황이었다. 그래서 미군은 1945년에 들어와 일본 본토 공격을 위한 중간 거점을 확보하고, 다른 한편으로는 일본의 본토 사수작전을 교란할 첩보공작을 추진했다. 전자는 1945년 2월 이오지마(硫黃島) 상륙작전, 같은 해 4월 오키나와(沖繩) 점령작전으로 진행되었다. 후자는 미국 OSS가 맡아 진행했다.

한국광복군이 중국에 주둔하던 미국 OSS와 공동작전을 추진한 것도 바로 이때이다. 영국군에 이은 두 번째 연합국과 공동작전이었다. 1945년 초부터 진행된 한국인들을 대일전쟁에 활용하려는 OSS의 계획은 첩보작전의 일환이었다. OSS의 첩보작전은 세 방향으로 추진되었다. 하나는 중국 관내의 광복군을 국내에 진입시켜 첩보작전을 진행하는 '독수리작전(The Eagle Project)'이다. 다른 하나는 미주 거주하는 한인동포와 미국령에 수용된 한인포로들을 한국과 일본에 침투시켜 첩보작전을 수행하는 '냅코작전(The Napko Project)'이다. 나머지 하나는 연안 지역에 있던 한인 공산주의자들을 만주와 한국 그리고 일본에 침투시켜 첩보활동을 벌이는 '북중국첩보작전'이다.

한국광복군도 1945년에 들어와 중국군사위원회와 오랜 교섭 끝에 '한국광복군 행동 9개 준승'이 폐지되어 통수권을 회복했다. 이렇게 되자 광복군 또한 미국 OSS와 직접 교섭하여 공동으로 독수리작전을 추진한 것이다. 연합군의 일원으로 참전하려는 광복군과 대일전쟁에 한국인을 이용하려는 OSS의 의도가 맞아떨어졌다고 할 수 있다. 광복군에서는 제2지대장 이범석과 제3지대장 김학규가 OSS와 교섭했다. 광복군과 OSS의 합작은 임시정부의 최종적인 승인을 거쳐 이루어졌다. 그 절차는 세 단계를 거쳐 진행되었다.

첫째 단계는 1945년 4월 1일 한·미 양측 실무자들이 회합하여 그동안 진행한 군사합작에 대한 협의를 최종적으로 정리한 것이다. 둘째 단계는 임시정부 주석과 OSS 장교와 면담이 이루어진 것이다. 4월 3일 클라이드 사전트(Clyde B. Sargent) 대위가 임시정부 청사로 김구 주석을 방문했다. 이 면담에는 이청천 총사령을 비롯하여 이범석 제2지대장과 김학규 제3지대장이 동석했다. 김구 주석은 이 자리에서 "안휘성 부양에서 도착한 한국광복군훈련반 졸업생 37명을 포함하여 가용 인력을 만들어 적극적으로 협조한다"고 하고, 또 "임시정부 요원들을 동반한 연합군의 한반도에 대한 공격작전을 지원한다"고 약속했다. 광복군과 OSS의 합작에 대한 최종 결재이자 승인이었다. OSS에서도 "독수리작전에 대한 김구 주석과 이청천 장군의 완벽한 승인을 받았다"고 이해했다.

셋째 단계는 임시정부 대표의 중국 주둔 미군총사령부 방문이었다. 4월 17일 김구 주석과 외무부장 조소앙이 통역을 대동하고 미군총사령부로 알버트 웨드마이어(Albert C. Wedmeyer) 장군을 방문하여 "한국인들은 이미 군사정보를 수집하는 데 있어 미국 공작원들과 협조하고 있다"고 하면서 군사합작을 확인했다. 이로써 광복군과 중국에서 활동하던 미국 OSS가 '독수리작전'을 매개로 공동작전을 벌이게 된 것이다.

독수리작전을 위한 OSS 훈련은 광복군 제2지대에서 먼저 시작했다. 제2지대 본부가 있던 서안 두곡 인근 남오대산 미타고사에서 50명의 인원이 5월부터 사전트 대위를 교육책임자로 하여 미군 교관들에게 첩보교육과 야전훈련을 받았다. 광복군 대원들은 공통으로 무전통신과 독도법을 익히고, 첩보의 중요성과 가치, 첩보의 유형과 수집, 보고서 작성과 심리전술 등 첩보 교육을 받았다. 그리고 사격과 폭파, 등반과 도강 훈련 같은 야전 교육도 받았다. 교육 훈련은 3개월 동안 엄격하게 실시되어 8월 4일 38명이 훈련을 마쳤고, 광복군 대원들의 훈련성과에 대해 교관들은 크게 만족했다. 제3지대의 OSS 훈련은 7월부터 시작되었으나, 훈련 중 일제가 항복하여 중지되고 말았다.

OSS 첩보 훈련이 완료되자 광복군 대원들의 국내 침투를 위한 작전

회의가 8월 7일 서안에서 개최되었다. 임시정부에서는 김구 주석과 이청천 총사령과 이범석 지대장, 미국에서는 OSS 총책임자인 윌리엄 도노반(William B. Donovan) 소장과 중국책임자 폴 홀리웰(Paul Holliwell) 대령 및 사전트 대위가 참석했다. 여기서 도노반 소장은 "금일 금시로부터 아메리카합중국과 대한민국 임시정부의 적 일본에 항거하는 비밀공작은 시작되었다"고 했다. 한·미 공동작전의 실행을 선언한 것이다.

광복군의 국내 진공작전은 세 단계로 계획되었다. 우선은 광복군 대원들을 비행기나 잠수함으로 국내에 침투시킨다는 것이고, 다음은 이들로 하여금 국내에 거점을 확보하여 각종 공작과 인심을 선동하는 것이며, 셋째는 OSS와 연락하여 무기를 비행기로 운반, 적 후방에서 무장활동을 전개한다는 것이었다. 광복군의 국내 진공작전은 연속적으로 추진될 예정이었다. "나의 원래 목적은 제1차로 서안에서 훈련을 마친 청년들을 본국으로 들여보내고, 제2차로 부양으로 가서 그곳에서 훈련받은 청년들도 아울러 본국으로 보낼 예정"이라는 김구 주석의 회고가 그런 사실을 잘 말해준다. 제2지대에 이어 제3지대에서 훈련받은 광복군 대원들도 국내에 침투시킨다는 계획이었던 것이다.

OSS와 공동작전에 참여한 광복군 대원들은 '국내정진군'이라는 이름으로 각 도 단위로 편성되고 활동 구역이 정해졌다. 이제 출발 명령만 남아 있을 뿐이었다. 그러나 출발 명령보다 일본의 항복 소식이 먼저 들려왔다. 김구 주석은 이 소식을 듣고 "천신만고로 수년간 애를 써서 참전할 준비를 한 것도 다 허사"라며 아쉬워했다. 일제의 항복으로 국내 진입작전이 실행되지 못했지만, 영국군에 이은 미국 OSS와 공동작전은 대한민국 임시정부와 한국광복군이 제2차 세계대전 교전단체이자 참전국으로 조금도 손색이 없었음을 실증적으로 웅변하고 있는 것이다.

대한민국 정부 수립을 위하여

일제의 항복은 예견된 일이었으나, 갑작스러운 일이기도 했다. 1945년 5월 제2차 세계대전 동맹국인 이탈리아와 나치 독일의 연이은 항복, 8월 6일 히로시마와 8월 9일 나가사키 원폭 투하에 따른 대규모 피해, 8월 8일 러시아의 대일 선전포고는 일제의 항복을 어느 정도 예견하게 만들었다. 다른 한편으로는 일제가 본토 사수를 내걸고 정예 병력과 군비를 모으며 옥쇄작전까지도 불사할 태세로 나왔기 때문에 일제의 항복은 급작스러운 소식이었다. 임시정부의 입장에서는 너무나 아쉬운 일이었다.

> 나는 이 소식(일제의 항복)을 들을 때 희소식이라기보다 하늘이 무너지고 땅이 갈라지는 느낌이었다. 몇 년을 애써서 참전을 준비했다. 산동반도에 미국의 잠수함을 배치하여 서안훈련소와 부양훈련소에서 훈련을 받은 청년들을 조직적·계획적으로 각종 비밀무기와 무전기를 휴대시켜 본국으로 침투케 할 계획이었다. 국내 요소에서 각종 공작을 개시하여 인심을 선동하며 무전으로 통지하여 비행기로 무기를 운반해서 사용하기로 미국 육군성과 긴밀한 합작을 이루었는데 한 번도 실시하지 못하고 왜적이 항복한 것이다. 이제껏 해온 노력이 아깝고 앞일이 걱정이었다.

OSS 도노반 소장과 국내정진작전 협의를 마치고 나오는 김구 주석(1945년 8월)

　김구 주석도 이처럼 아쉬운 마음을 『백범일지』에서 표현하고 있다. 미군과 함께 국내 정진작전을 수행하여 우리 힘으로 국토를 회복할 기회가 마지막 단계에서 무산된 것이다. 더 나아가 진정한 참전국이자 승전국으로 임시정부가 당당하게 국내로 환국하고, 국내동포들 앞에서 한국광복군이 '조선 주둔 일본군(조선군)'의 항복을 받을 기회도 사라진 것이다. 어찌 안타깝고 아쉬운 일이 아니겠는가.
　하지만 지체할 수 없었다. 환국을 준비해야 했기 때문이다. 김구 주석이 일제의 항복 소식을 들은 것은 8월 10일 서안에서이다. 도노반 사령관을 비롯한 OSS 대표단과 광복군의 국내정진대 파견을 위한 공동작전을 협의하러 서안에 왔던 시기였다. 여기서 8월 7일 작전 협의를 마친 양측이 국내정진대 파견을 개시하려는 참이었다. 이때 일제가 항복한 것이다. 그래서 김구 주석은 이범석 제2지대장과 협의해 광복군 대원을 선발하여 '정진군'을 편성하고, 이들을 국내에 선발대로 들여보내기로 했다. 미국 OSS 대원과 함께 이들은 C-47비행기로 8월 18일 국내에 진입해 여의도비행장에 도착했다. 하지만 일본군이 이들을 포위하고 국내에서의 활동을 용납하지 않았기 때문에 어쩔 수 없이 중국으로 귀환할 수밖에 없었다.

다른 한편으로는 서안에서 국무회의를 열고 다섯 가지 행동 방침을 결의했다. 첫째, 귀국해서 정권을 국민에게 봉환한다. 둘째, 귀국해서 반포할 당면정책을 기초한다. 셋째, 대외교섭을 빨리 전개하여 귀국 절차를 갖춘다. 넷째, 정부 및 의정원의 일체 문헌과 집물을 정리한다. 다섯째, 제39차 의회 소집을 요구한다. 핵심은 국내로 들어가 그동안 유지해 왔던 임시정부를 국민에게 봉환하고, 임시의정원 회의를 열어 환국에 관련한 내용을 결정한다는 것이다. 이 결의에 따라 8월 17일 임시의정원 제39차 임시의회가 열렸다. 회의는 순조롭게 진행되지 못했다. 조선민족혁명당을 비롯한 야당 측에서 '임시정부 개조'와 '국무위원의 총사직'을 요구했기 때문이다. 정부와 야당이 대립하는 가운데 8월 18일 김구 주석이 서안에서 중경으로 돌아왔다. 김구 주석은 회의에 참석해 서안에 다녀온 경과를 보고하는 한편, 야당 측의 요구에 대해 "현직 국무위원은 총사직할 필요가 없다"며, 정부 주도 아래 "입국을 위한 준비가 진행되고 있다"고 답변했다. 그리고 국무회의에서 결정한 대로 환국 준비를 해나갔다.

먼저 해방을 맞이한 동포들에게 천명할 임시정부의 입장과 정책을 기초하고, 9월 3일 주석 김구 명의로 「국내외 동포에게 고함」을 발표했다. 여기서 임시정부는 해방은 "허다한 우리 선열의 보귀(寶貴)한 열혈의 대가와 중·미·소·영 등 동맹군의 영용한 전공"에 의한 것이라고 정의했다. 해방이 연합국 승전의 결과만이 아니라 임시정부를 비롯한 우리 독립운동의 피

대한민국 임시정부 요인 환국 기념 사진(1945년 11월 3일, 중경 임시정부 청사)

땀어린 성과임을 분명히 밝힌 것이다. 이와 함께 임시정부는 국내에 들어가 추진할 과제를 '임시정부 당면정책' 14개항에 담아 발표했다. 핵심 내용은 임시정부가 현 정부대로 환국한다는 것, 국내에 들어가 각계의 대표들로 구성된 회의를 소집해 과도정권을 수립한다는 것, 과도정권이 수립되면 임시정부의 모든 것을 과도정권에 인계한다는 것 등이었다. 그리고 과도정권이 수립될 때까지 임시정부가 정부 역할을 수행한다고도 밝혔다.

그렇지만 일은 임시정부의 뜻대로 돌아가지 않았다. 미국과 러시아가 반대했기 때문이다. 미국과 러시아는 38도선을 경계로 남북을 분할 점령한 뒤, 각기 군정을 남북한 '유일정부'로 삼아 임시정부를 비롯한 어떤 정부도 인정하지 않았다. 더욱이 임시정부의 환국조차 반대했다. 정부 자격이 아니라 개인 자격으로 귀국하라는 것이었다. 임시정부를 그대로 가지고 환국하여 국민에게 봉환한다는 방침조차 실행하기 어려운 상황이 되었다. 임시정부는 이를 받아들일 수 없었다. 정부 자격으로 들어가기 위해 백방으로 노력했다. 중국 국민당 정부도 임시정부에 대한 지원을 아끼지 않았다. 주미 중국대사에게 정부 자격으로 들어갈 수 있도록 미국과 협상할 것을 지시하고, 주중 미국대사관을 찾아가 임시정부의 환국을 요청하기도 했다.

그러나 미국의 방침에는 변화가 없었다. 임시정부는 11월 5일 중경에서 상해로 이동했다. 상해에 머물며 임시정부의 이름으로 환국해야 한다고 버텼지만, 임시정부 힘으로 해결하기 어려운 일이었다. 국무위원들 가운데는 개인 자격으로 들어가느니 차라리 귀국하지 않고 있다가 미국이 물러나면 들어가자는 사람도 있었다. 논의가 분분했지만 임시정부의 요인들이 모두 귀국하는데 어찌 임시정부로 귀국하는 것이 아니겠느냐며, 미국의 요구를 받아들였다. 명분도 중요하지만 서둘러 환국하여 정식 정부를 세워야 하는 일이 더 시급했기 때문이다.

그러나 개인 자격의 환국도 쉽지 않았다. 미국이 보내온 비행기가 1대였고, 탑승인원도 15명뿐이었다. 상해에 도착한 국무위원만 해도 29명이었다. 결국 귀국하는 순서를 제1진과 제2진으로 나누어야 했다. 그래서 김구 주석과 김규식 부주석을 비롯한 제1진이 11월 23일 환국하고, 임시의정원 의장 홍진과 외무부장 조소앙과 내무부장 신익희 등 제2진이 12월 1일 환국하게 되었다.

환국 이후 대한민국 임시정부의 새 국가 건설론은 무엇인가. 임시정부는 이미 1930년대 초반 독립운동 이념으로 삼균주의를 채택하고, 그에

남북협상을 위해 북행하는 김구(1948년 4월 19일)

김구 자서전 「백범일지」

입각한 정식정부 건국 이념으로 1941년 11월 「대한민국 건국강령」을 공포했다. 여기에 제시된 임시정부의 새 국가 건설론은 자유주의 세계관에 꼭 들어맞는 것은 아니었다.

임시정부가 민주공화제로 성립되었고, 광복까지 27년간 그 체제를 유지해온 것은 두말할 필요도 없다. 민주공화제는 갑자기 성립된 것이 아니라 국민주권을 지향한 민족운동 세력의 오랜 투쟁과 고뇌의 소산이었다. 대한제국 시기 신민회계열 민족운동가들은 공화제를 지향했다. 이는 신민회가 "국권을 회복하여 자유국가 또는 자유독립국을 세우고, 공화정체로 하는 것"을 목표로 한 데서 알 수 있다. '제국'에서 '민국'을 꿈꾼 것이다.

훗날 신민회계열 민족운동자들은 임시정부 수립의 중추적 역할을 담당했다. 경술국치 전후 이들이 해외로 망명하여 중국의 신해혁명과 러시아의 10월혁명을 경험하고, 미주에서 자유민주주의를 학습하면서 국민주권주의에 대한 신념을 강화한 결과였다. 그래서 '대한의 독립과 대한국민의 자주'를 선언한 3·1독립운동 과정에서 민주공화제로 대한민국 임시정부가 성립했다. 이후 민주공화제는 임시정부가 어떠한 경우에서도 포기할 수 없는 철칙이 되었고, 광복 이후 임시정부를 계승한 대한민국 정부의 정치적 세계관이 되었던 것이다.

그런데 임시정부의 경제적 세계관은 자유주의 경제관인 자본주의와는 사뭇 다르다. 임시정부의 건국강령이 삼균주의에 입각해 작성, 공포된 새 국가 건설론이기 때문이다. 특히 토지국유화와 그 토지의 자력자경인에게 분급, 대생산 기관의 국유화 원칙은 임시정부가 사회주의 경제관을 대폭 수용한 것이다. 다른 한편으로는 "하늘 아래 왕토가 아닌 것이 없다"는 전통적 토지 국유사상이 투영된 것이기도 하다. 나아가 이는 일제의 식민자본과 매판자본을 위한 공업생산 구조와 식민지지주제에 따른 수탈성 농업생산 구조, 그로 인한 광범한 도시 빈민층의 확산과 빈농층의 만연, 그리고 중소상공인의 몰락 등 식민지 계급구조를 파악한 토대 위에서 도출된 것이라고 할 수 있다.

임시정부의 친일파 척결 의지는 매우 강했다. 임시정부는 친일파의 선거권 및 피선거권을 박탈함으로써, 새 정부 참여를 원천적으로 봉쇄했다. 1945년 9월 3일 대한민국 임시정부 국무위원회 주석 김구 명의로 발표한「국내외 동포에게 고함」에 명시된 '임시정부 당면정책'에도 공개적으로 엄중하게 친일파를 처단할 의지를 밝혔다. 이는 독립운동을 주도해온 임시정부의 강렬한 친일 청산 의지의 표출이자 국내 현실을 감안한 상황인식의 결과였다. 1920년대 이른바 일제의 '문화정치'를 통해 빠르게 육성된 친일파와 민족운동에서 이탈한 자치운동 세력의 등장, 1931년 9·18만주침략과 1937년 7월 중일전쟁, 1941년 12월 태평양전쟁 도발 이래 더욱 광분해 날뛰던 친일 반(反)민족 세력의 망동 등을 감안한 선택이었던 것이다.

임시정부의 국제적 친소관계는 기본적으로 '친 중국 > 미국 > 러시아 > 영국 > 프랑스'의 경향이었다. 임시정부가 친 중국 경향이 강했음은 말할 필요도 없다. 소재지가 상해·중경 등 중국 관내이고, 1921년 손문의 호법 정부로부터 정부 승인을 받은 이래 국민당 정부로부터 물심양면으로 지원을 받았기 때문이다. 미국과도 친선을 유지하려고 애썼다. 정부 수립 초기부터 워싱턴에 구미위원부, 1941년부터는 주미외교위원부를 두고 미국 정부는 물론 정관계 인사들을 대상으로 맹렬한 외교활동을 벌였음은 주지의 사실이다. 비록 미국 정부로부터 임시정부가 정식으로 승인을 얻지는 못했지만, 광복 직전 OSS와 합작하여 국내진공작전으로 독수리작전을 추진하는 등 미국과도 우호관계를 유지하고 있었다.

러시아도 마찬가지였다. 임시정부는 수립 직후 레닌 정부에 특파원을 파견하여 외교관계를 맺었다. 그리고 레닌 정부로부터 독립운동 자금을 지원받기도 했다. 1940년대에는 대일항전을 목적으로 하바롭스크 88여단 내

대한민국 정부 수립 국민 축하식(1948년 8월 15일)

한인부대 등 공산주의 독립운동 세력과도 연대를 모색하면서 러시아와도 우호관계를 유지하려고 애썼다. 영·불과도 인연이 없었던 것은 아니다. 대일 선전포고와 대독 선전포고를 발포하여 영·불 연합국을 지지했고, 광복군 '인면전구공작대'를 인도·미얀마 전선에 파견하여 영국군을 지원했기 때문이다.

주목할 것은 좌파 독립운동 세력에 대한 인식이다. 임시정부는 좌파 독립운동 세력과 대립·갈등하기도 했지만, 기본적으로 그를 연대 대상으로 인식했다. 수립 초기에도 좌파 이동휘계열과 합쳐 통합 임시정부를 발족하고, 1923년에는 좌우 독립운동 세력의 통일회의인 국민대표회의 개최를 지지했다. 1930년대에는 임시정부의 우파 여당인 한국국민당·한국독립당이 조선민족혁명당·조선청년전위동맹·조선혁명자연맹 등 좌파진영과 통일운동을 벌였다. 그 토대 위에서 1942년에는 조선민족혁명당을 비롯한 좌파진영과 그 무장부대인 조선의용대를 통합하여 우선 군사통일을 이룬 뒤 통일의회를 구성했다. 나아가 1944년에는 좌우 진영이 연합정부를 발족하여 광복을 맞이한 것이다. 결국 임시정부의 새 국가 건설론은 민주공화제 원칙을 지키면서 좌우 진영을 통일하고, 연합국과의 우호관계를 유지하면서 친일 세력 척결과 식민수탈체제를 철폐할 혁명적 경제개혁을 지향한 것이다.

환국 뒤에도 '자주독립 민주통일국가' 건설이라는 임시정부의 새 국가 건설 노선은 변함없이 추구되었다. 1945년 12월 모스크바 3상회의에서 한국에 대한 신탁통치를 결정하자 임시정부 세력이 가장 격렬하게 반대했다. 피땀으로 쌓은 임시정부의 법통을 지켜야 한다는 소명의식이 가장 큰 이유였지만, 여기에 더하여 임시정부가 그동안 실천해온 새 국가 건설 노선에 맞지 않았기 때문이다.

임시정부는 일제 패망 후 미국과 러시아가 38도선을 경계로 한국을 분할 점령하고, 이를 기화로 남북한에 각기 친미·친러 정권을 세우려는 야욕을 꺾기 위해도 심혈을 다 쏟아부었다. 특히 38도선을 경계로 하는 국토 분단에 기반하여 민족 분단을 획책하는 정치세력에 대해서는 규탄의 목소리와 행동을 멈추지 않았다. 1948년 분단체제 성립이 가시화되자 임시정부 주석 김구와 부주석 김규식이 앞장서 남북협상에 나선 이유도 여기에 있었다. 곧 '통일국가'를 지향한 임시정부의 새 국가 건설론을 구현하려는 마지막 몸부림이었다. 이것이 바로 과거 임시정부 요인들이 못다 이룬 꿈이고, 현재 우리가 풀어야 할 역사적 과제인 것이다.

대한민국 임시정부
100년의 결실

우리 국민은 대한민국 수립 불과 100년 만에 세계인들이 부러워하는 나라로 만들었다. 유례를 찾을 수 없는 35년 동안의 가혹한 일제 식민지 지배를 극복하여 광복을 성취했고, 6·25전쟁의 폐허 위에서 한강의 기적이라 불린 경제 발전을 이룩했다. 한국에서 민주주의가 꽃피기를 기대하는 것은 쓰레기통에서 장미가 피는 것을 바라는 것과 같다는 서양인들의 비아냥을 이겨내고 민주발전도 이루었다. 심지어 국제사회도 놀란 자랑스러운 '촛불혁명'을 이룩하여 민주의 역사를 새롭게 쓰기 시작했다. 정말 스스로 대견해 해도 좋을 것 같다.

  이 원동력은 어디에 있는가. 대한민국 임시정부를 중심으로 하는 한국독립운동의 역동성에 있다. 독립운동은 그야말로 '무(無)에서 유(有)를 창조하는 일'이었다. 중국을 비롯한 어느 나라도 우리 민족이 독립운동을 펼칠 땅을 순순히 내주지도 않았고, 흔쾌히 도와주지도 않았다. 모든 것이 낯설고 어려운 고난의 시절이었지만, 우리 민족은 한편으로는 끊임없이 독립운동을 전개하고, 다른 한편으로는 민주공화제로 임시정부를 세워 운영하며 조국광복의 꿈과 이상을 실천했다. 그래서 우리 민족이 이룬 광복은 임시정부를 중심으로 온 겨레가 역동적으로 독립운동을 전개한 성과이자 결실이었다. 바로 이 역동성이야말로 대한민국 발전의 원동력이고, 오늘의 대한민국은 이 토대 위에서 빛나고 있는 것이다.

대한민국 임시정부 100년의 의의는 참으로 크다. 첫째는 일본제국주의 식민지 국가와 정부를 거부하고 우리 민족 스스로 '대한민국'이라는 나라와 '임시정부'를 세웠다는 사실이다. 이는 민족혁명과 민주혁명을 지향한 3·1독립운동의 정신을 구현하고, '대한제국'이후 단절된 민족정권의 맥을 이은 것이다.

둘째는 우리 역사에서 민주주의의 역사를 처음으로 열었다는 점이다. "대한민국은 민주공화제로 함." 이는 「대한민국 임시헌장」 제1조에 명시된 대한민국의 정체이자 국체이다. 「대한민국 임시헌장」은 1919년 4월 10일 열린 제1회 대한민국 임시의정원 회의에서 제정 선포되었다. 여기서 대한민국 임시정부가 '민주공화제'를 채택함으로써, 반만년 지속된 군주전제 국가가 사라지고 민주공화제 국가가 새롭게 성립했다. 이로써 제국에서 민국으로, 봉건국가의 신민(臣民)에서 근대국가의 국민으로, 나아가 무권리의 백성에서 주권을 가진 시민으로 거듭나는 민주의 시대가 열린 것이다.

셋째는 우리 민족에게 독립의 꿈과 희망을 주었다는 점이다. 우리 민족이 꿈과 희망조차 잃어버린 고난의 시기가 일제강점기 아닌가. 그런 엄혹한 시기에 우리 민족에게 위안이 되고 등불이 되어 민족독립의 꿈과 희망을 잃지 않게 했던 것이 바로 대한민국 임시정부라는 존재였다.

넷째는 현재 대한민국의 뿌리이자 토대라는 점이다. 1948년 8월 15일 정식으로 수립된 대한민국 정부는 대한민국 임시정부의 국호·연호·헌법을 계승하여 재건되었다. 이뿐만 아니라 임시정부와 광복군 지도자들은 정부 수립과 국군 창설에 주요한 역할을 맡았다. 대한민국 임시정부가 대한민국의 뿌리이자 토대가 된 것이다. 헌법 전문에 새겨진 "우리 대한국민은 3·1운동으로 건립된 대한민국 임시정부의 법통"을 계승한다고 한 생생한

광복의 환희

이유도 바로 여기에 있다.

　기기묘묘(奇奇妙妙)한 꽃들이 만발한 어느 봄날이나, 단풍으로 곱게 물든 어느 가을날, 엄동설한으로 옷깃을 여미게 되는 어느 겨울날이면 가끔 이런 생각을 해본다. 낯설고 물선 이국땅이나 만주골짜기 혹은 황량한 연해주 벌판에서 독립운동가들은 어떤 생각을 했을까. 그분들도 사람인데, 고국에 두고 온 부모형제와 처자식 생각으로 긴 밤 잠 못 들어 하지 않았을까. 영하 30~40도를 오르내리는 만주벌 어느 높은 산 깊은 골짜기에서 언 발과 언 손을 입김으로 녹여가며 헌 총의 방아쇠를 당길 때, 그분들은 과연 일제와 싸워 독립을 쟁취할 수 있을 것이라 믿었을까?

　아닐 것이다. 그분들은 다만 반만년 유구한 역사와 문화를 지닌 우리 민족이 섬나라 왜놈의 손아귀에서 온갖 능욕을 당하는데, 가만히 앉아 볼 수만은 없었던 것이다. 아니 그보다는 자신들은 여기서 이렇게 망국노로 비장한 삶을 살지만, 자신들의 후손들만은 이 세상에서 자유롭고 행복하게 당당하고 정의롭게 살기를 바랐기에 가시밭길 독립운동의 길을 묵묵히 간 것은 아닐까.

그런데 우리는 너무 쉽게 잊고 사는 것 같다. 독립운동 선열의 피땀 위에서 대한민국이 세워졌고, 6·25전쟁 호국영령의 희생으로 대한민국이 지켜졌지만 그분들의 고귀한 헌신을 잊고 사는 것 같다. 어린 아들딸들에게 보릿고개의 배고픈 삶을 물려주기 않기 위해 주린 배를 움켜쥐고 경제성장에 앞장선 산업화 세대에 대 한 고마움도 사라졌다. 더욱이 이렇게 세운 나라, 이렇게 지킨 국가, 이렇게 키운 내 조국을 자유롭고 정의로운 '민주국가'로 만들기 위해 애쓴 민주화 세대에 대한 존경심도 희미해지고 있다.

그저 우리나라가 예전부터 독립된 국가였고, 잘사는 나라였고, 민주화된 나라였다는 생각들을 하고 사는 것 같다. 하지만 아직도 오늘의 대한민국은 독립운동 선열이 꿈꾼 나라와는 훨씬 뒤떨어져 있다. 독립운동 선열들이 반쪽짜리 나라 세우기 위해 희생한 것은 아니고, 또 새 국가의 이상으로 내세운 삼균주의의 세상은 아직도 요원하다. 임시정부가 새 국가 건설 이념으로 채택한 삼균주의는 요즈음 언어로 말하면, 정치민주화와 경제민주화 그리고 교육민주화의 구현이었다.

오늘의 현실은 과연 독립운동 선열들이 꿈꾼 나라에 어느 정도 다가가 있는지 앞으로의 100년을 내다보면서 다시 한번 진지하게 성찰해봐야 한다. 그 속에서 우리는 꿈과 이상이 현실이 되고, 현실이 역사가 되며, 그 역사가 미래를 열어가는 이정표가 되어 더 나은 세상을 열어가는 역사의 숭고한 진리를 발견할 수 있을 것이다.

참고문헌

단행본

국사편찬위원회 편,『대한민국임시정부자료집』1~45, 2005~2011.

김용달 외,『백범의 길, 조국의 산하를 걷다』, 아르테, 2018.

김용달 외,『사실로 본 한국 근현대사』, 도서출판 황금알, 2005.

김용달 외,『이봉창의사와 한국독립운동』, 단국대학교 출판부, 2002.

김용달 외,『한국독립운동사강의』, 도서출판 한울, 1998.

김용달,『한국독립운동의 인물과 노선』, 도서출판 한울, 2004.

김희곤,『대한민국임시정부 연구』, 지식산업사, 2004.

김희곤,『상해지역 한국독립운동단체연구』, 지식산업사, 1995.

김희곤,『임시정부시기의 대한민국 연구』, 지식산업사, 2015.

대한민국임시정부기념사업회·대한민국임시정부기념관 건립추진위원회 엮음,『사진으로 보는 대한민국 임시정부 1919~1945』, 도서출판 지성사, 2016.

반병률,『성재 이동휘 일대기』, 범우사, 1998.

반병률,『통합 임시정부와 안창호, 이동휘, 이승만』, 신서원, 2019.

백범김구선생기념사업협회·백범학술원·백범김구기념관 편,『백범 김구 사진자료집』, 2012.

선우진·최기영 편,『백범 선생과 함께 한 나날들』, 푸른역사, 2009.

이재호,『대한민국 임시의정원 연구』, 단국대학교 박사학위논문, 2011.

한국근현대사학회 편, 『대한민국임시정부수립80주년기념논문집』 상·하, 국가보훈처, 1999.

한국독립운동사편찬위원회 편, 『한국독립운동의 역사』 1~60, 독립기념관 한국독립운동사연구소, 2007~2009.

한시준, 『대한민국 임시정부의 지도자들』, 역사공간, 2016.

한시준, 『역사농단』, 역사공간, 2017.

한시준, 『의회정치의 기틀을 마련한 홍진』, 탐구당, 2006.

한시준, 『한국광복군연구』, 일조각, 1993.

한시준·김기승·김희곤·장석흥·최기영, 『대한민국의 기원, 대한민국임시정부』, 독립기념관, 2009.

논문

김용달, 「광복 전후 좌·우파 독립운동세력의 국가건설론」, 『한국독립운동사연구』 제46집, 독립기념관 한국독립운동사연구소, 2013.

김용달, 「대한민국임시정부의 국내 특파원」, 『대한민국임시정부 수립 80주년 기념논문집』, 국가보훈처, 1999.

김용달, 「도산 안창호와 유상규」, 『도산학연구』 제17집, 도산학회, 2016.

김용달, 「반동의 역사는 가라 – 역사의 정의로 '건국절'을 무너뜨리다 – 서평: 김희곤, '임시정부 시기의 대한민국 연구'; 한시준, '대한민국 임시정부의 지도자들'」, 『한국근현대사연구』 제81집, 한국근현대사학회, 2017.

김용달, 「안창호와 박은식의 민족운동론」, 『도산학연구』 제9집, 도산학회, 2003.

김용달, 「안창호의 민족운동과 민족운동지도론」, 『한국학논총』 제37집, 국민대학교 한국학연구소, 2012.

김용달, 「청산리대첩에 대한 임시정부의 대응」, 『한국근현대사연구』 제15집, 한국근현대사학회, 2000.

김용달, 「춘원의 '민족개조론'의 비판적 고찰」, 『도산사상연구』 제4집, 도산사상연구회, 1997.

김용달, 「하산 양기하의 항일 무장투쟁 연구」, 『군사』 제36호, 국방군사연구소, 1998.

김용달, 「한국독립운동사에서 의열단과 의열투쟁의 의의」, 『한국독립운동사연구』 제49집, 독립기념관 한국독립운동사연구소, 2014.

김용달, 「해공 신익희와 대한민국」, 『한국학논총』 제34집, 국민대학교 한국학연구소, 2010.

김희곤, 「대한민국 임시의정원의 성격」, 『한국민족운동사연구』 제5집, 한국민족운동사연구회, 1990.

김희곤, 「독립운동과 민족통일」, 『한국근현대사연구』 제64집, 한국근현대사학회, 2013.

김희곤, 「한국유일독립당촉성회에 대한 일고찰」, 『한국학보』 제33집, 일지사, 1983.

반병률, 「대한국민의회와 상해 임시정부의 통합정부 수립운동」, 『한국민족운동사연구』 제2집, 한국민족운동사연구회, 1988.

반병률, 「안창호와 '통합' 상해 임정의 수립」, 『도산사상연구』 제5집, 도산사상연구회, 1998.

한시준, 「대한민국임시정부의 광복후 민족국가건설론」, 『한국독립운동사연구』 제3집, 독립기념관 한국독립운동사연구소, 1989.

한시준, 「대한민국임시정부의 환국」, 『한국근현대사연구』 제25집, 한국근현대사학회, 2003.

한시준, 「조소앙 연구 – 독립운동을 중심으로」, 『사학지』 제18집, 단국대학교 사학회, 1984.

대한민국 임시정부
그 100년의 역사

초판 1쇄 인쇄 2019년 4월 5일
초판 1쇄 발행 2019년 4월 11일

지은이   김용달
펴낸이   주혜숙

펴낸곳   역사공간
등 록   2003년 7월 22일 제6-510호
주 소   03996 서울특별시 마포구 월드컵로100 한산빌딩 4층
전 화   02-725-8806
팩 스   02-725-8801
전자우편 jhs8807@hanmail.net

ISBN   979-11-5707-193-7 03910

· 책값은 뒤표지에 있습니다. 잘못된 책은 바꾸어 드립니다.
· 이 도서의 국립중앙도서관 출판예정도서목록(CIP)은 서지정보유통지원시스템 홈페이지(http://seoji.nl.go.kr)와 국가자료공동목록시스템(http://www.nl.go.kr/kolisnet)에서 이용하실 수 있습니다.(CIP제어번호: CIP2019012517)

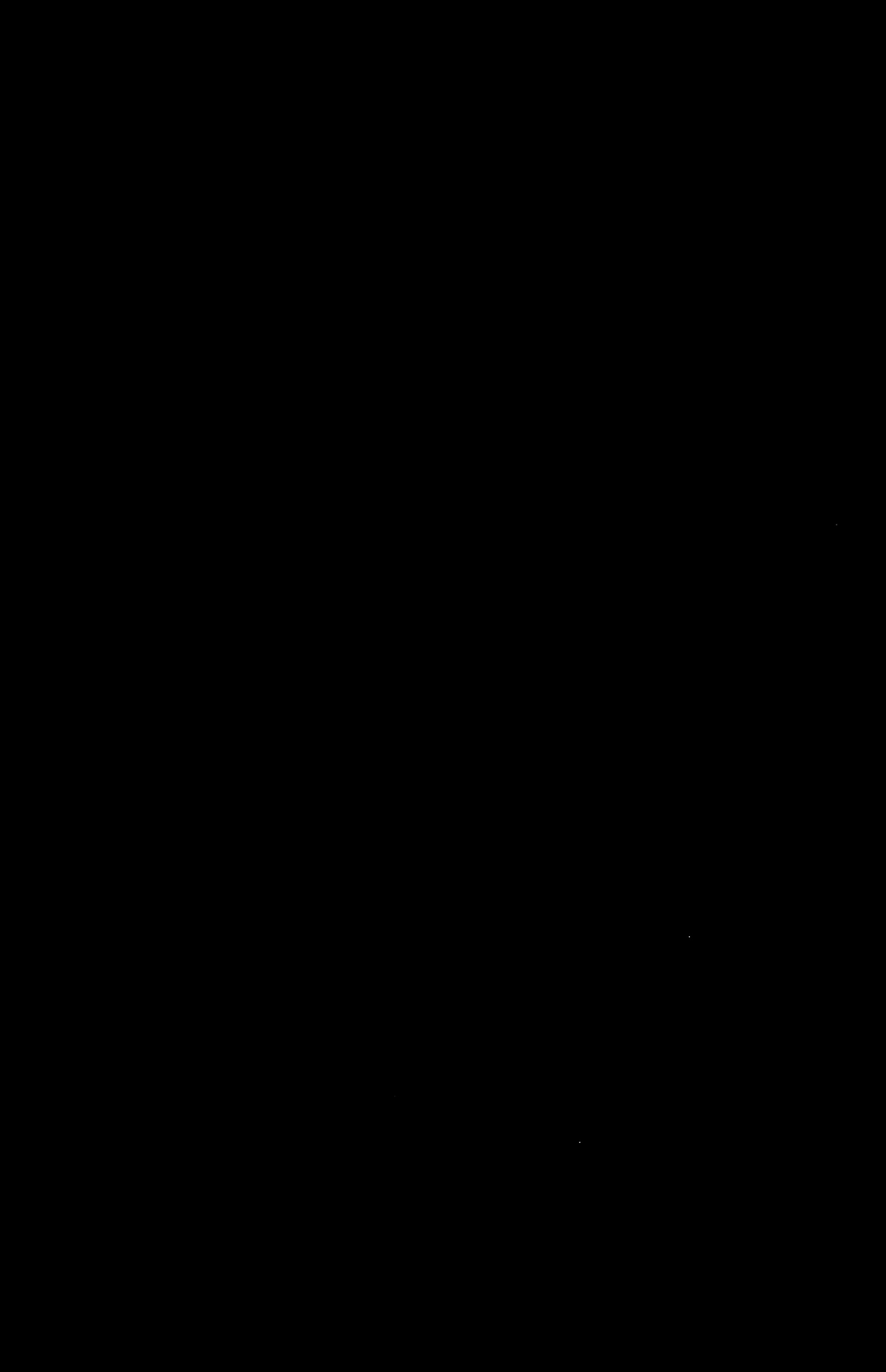

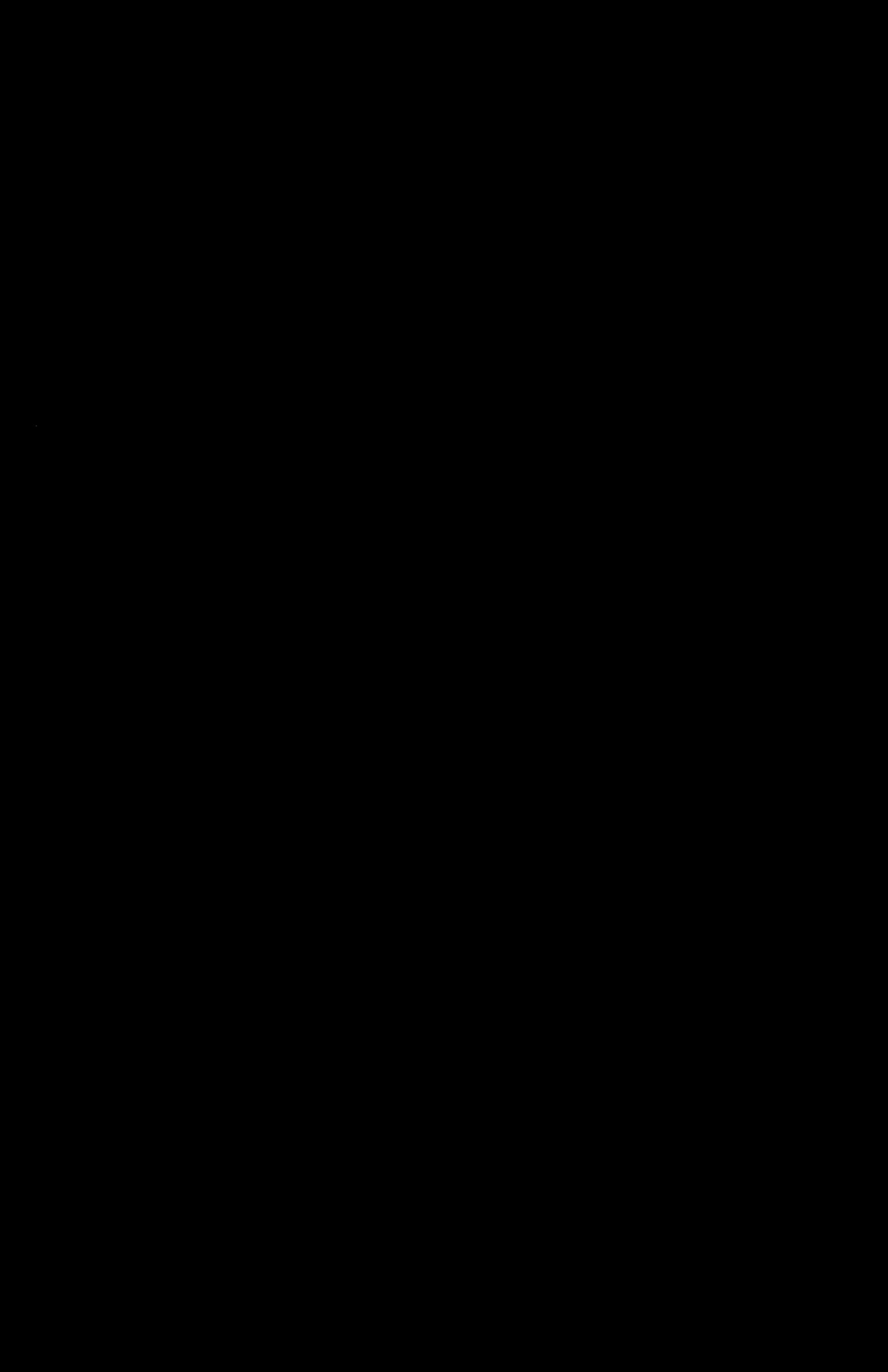